生命的學問

◆

牟宗三

著

三民書局

緣　起

　　經典，是經久不衰的典範之作──無畏時光漫長的淘選，始終如新，每每帶給讀者不一樣的閱讀感受。閱讀經典，可以使心靈更富足，了解過往歷史，並加深思考，從中獲取知識與能量；可以追尋自我，反覆探問，發現自己最真實的樣貌。經典之作不是孤高冷絕，它始終最為貼近人心、溫暖動人。

　　隨著時代更替，在歷經諸多塵世紛擾、心境跌宕後，是時候回歸經典，找尋原初的本心了。本局秉持好書共讀、經典再現的理念，精選了牟宗三、吳怡深度哲思探討的著作；薩孟武與傳統經典對話的深刻體悟作品；白萩創造文學新風貌的詩作，以及林海音、琦君溫暖美好的懷舊文章；逯耀東、許倬雲、林富士關注社會、追問過去的研讀。以全新風貌問世，作為品味經典之作的領航，讓讀者重新閱讀這些美好。期望透過對過往文化的檢視，從中追尋歷史的真實，觸及理想的淳善，最終圓融生活的感性完美。

　　這些作品，每一本都是值得珍藏的瑰寶──它們記錄著那個時代臺灣文化發展的軌跡，以及社會變遷的遞嬗；以文字凝結了歲月時光，留住了真淳美好。

　　「品味經典」邀請您一起 品 味 經 典。

走向哲學的大道

苑舉正

在所有我推薦的書籍中,《生命的學問》是最特別的一本。

我在大學讀書時,牟宗三先生的大名,已經如雷貫耳。那時候,在我周遭所有以讀書為抱負的學生,都熱衷於閱讀以及討論牟先生的思想。我當年也一度附會風雅,想要藉由牟先生的書籍,知道哲學是什麼。無奈的是,想要讀懂牟先生學貫中西的著作,於我猶如登天之難,但在這些著作中,《生命的學問》成了一本非常例外的書籍。

當時我沒有任何哲學訓練,因此對於這本書的愛好,正好是頭尾兩篇。第一篇〈說「懷鄉」〉,牟先生直接了當的說,他是山東人。基於同鄉的感受,我也莫名其妙地覺得這一篇與我的生命相連在一起。閱讀之後,我發覺牟先生對於山東的感覺,擴大到對於全中國命運的感受,使得這一篇〈說「懷鄉」〉的文字,並沒有什麼思鄉的情緒;本書的最後一篇,〈水滸世界〉,是我在閱讀這本書的過程中,感覺到最能夠體

悟的一篇。對於那時剛上大學不久的我而言，〈水滸世界〉中的第一句話：「《紅樓夢》是小乘，《金瓶梅》是大乘，《水滸傳》是禪宗。」就讓我震撼不已！雖然我並不知道這句話說的內容究竟為何，但我認為用佛教分類的概念，描述民間最流行的三本通俗小說，就是高招！我發覺，哲學家的意境，比一般人高明許多。一般人讀小說，只注意內容，但牟先生評論《水滸傳》，則講得痛快淋漓，認為水滸世界的人，已經超越了出世與入世的境界，成為另外一種敢做敢當的痛快人。

　　本書的主要內容，是許多牟先生在雜誌、刊物、演講、與書評的發表。這些內容好讀、有料，而且能夠深入人心。我的哲學啟蒙來自於這本書，但這一本書中所包含的大多數文章，都是在我出生前寫的。帶著學習哲學三十多年的付出，重新閱讀這些超過五、六十年前寫的文章，讓我得以與牟先生在精神世界中相遇。以今天的時空條件而言，我終於明白牟先生在鑽研中西哲學的過程中，想要做的三件事：第一、釐清中國哲學的傳統。第二、融合西方哲學的學術。第三、發展中國的科學、民主與宗教。

　　在今天看來，這三個題目依然重要，回味牟先生當年的文字與用心，內心中激起了一股讚佩之情。牟先生思想犀利，文筆流暢快捷，讓所有的讀者可以很快的理解，中國自從新文化運動以來所遭遇的劫難，其實與中國傳統思想的衰敗，形成正比，互為因果。每當中華文化的道統與學統受到摧殘之際，就是國體與政體在現代世界被外來文化打得七葷八素的時候。《生命的學問》這本書所包含的內容，有很大的一部

分，都是對於中國學術道統所做的誠摯呼籲，想要達到振聾發聵的效果。

　　牟先生對於中華文化的信心十足，他甚至認為，雖然就表面上，中華文化沒有開展出科學、民主與宗教，但在本質上，中華文化並不反對科學、民主與宗教。因此他認為，中華文化的傳統思想，不但不應該妄自菲薄，還應該昂首挺胸，作為西方思想的補強。他堅持我們應該撥亂反正，揚棄清朝三百年之奴化教育，重回宋明理學之道德意識，作為自我提升之充分條件。

　　在重新建構國人的道德意識中，牟先生借用了西方哲學的優點，尤其是康德透過道德實踐，轉化宗教理性的論述。在這一部分的發展中，牟先生以希臘哲學傳統為背景，特別重視柏拉圖與亞里斯多德的智性傳統。牟先生基本上認為，在這個傳統中，康德哲學的精華之處，在於讓西方哲學的開展，聯繫了上帝、靈魂與自由，成就了人倫社會的道德。

　　牟先生認為，康德的貢獻，為中西哲學會通鋪下一條康莊大道。中華文化原有的禮樂傳統，其實也是這種聯繫天、地與人三者之間的核心理念。從這個角度而言，牟先生的哲學立場很明確，就是中西哲學會通，並且將會通的結果，應用在現實生活中。

　　在現實生活中，中國人命運艱困的原因是，缺乏科學、民主與宗教。本書絕大多數的文章，披露了作者對於中華文化百年來遭受的屈辱的悲嘆，但更對某些知識分子的自我否定，感到無知。我必須承認，今天這種憂國憂民的情懷已不

復多見，但我強烈建議所有讀者，以開闊的歷史感閱讀本書。對於作者離鄉別里的背景而言，牟先生對中華文化那種恨鐵不成鋼的責難，是可以理解的。

在政治與社會實踐中，中華文化釐清其理念後，可以成為發展科學、民主與宗教的基礎，並且藉由它們的發展，讓中華文化與世界接軌，為融合世界的思想做出積極的貢獻。牟先生認為，中華文化中有一個兼容並蓄的傳統，可以包容一切思想，不但能夠繼往聖絕學，也能開萬世太平。雖然牟先生對於中國的現實發展充滿怨言，但是他認為，這些不良發展其實來自於誤解的結果。

重新閱讀這本書，讓我驀然回首，想到這本書，就是我人生的一盞明燈，指引我走向哲學這條不歸路。我一直相信，東西哲學要能夠會通，必須要做好學貫中西的準備，而學習哲學的成果，一定要實用在社會之中。今天在國內，看到科學與民主已經走向正軌的同時，我更期待，大家以一種誠摯的心情，看待中華文化的整體，並且當作提升自我的思想練習。

我以興奮的心情，謹記我重新閱讀本書的感覺，並向國人鄭重的推薦本書。希望本書新版面世後，所有的讀者，可以理解牟先生當年對於中華文化的期許，以及他要為萬世開太平的抱負。

自　序

　　本書所集文字乃是三十八年到臺後七八年內在各報刊所已發表過的文章。我自己亦未搜集保存。孫守立君保存無遺，編成此書，以為有便於青年好學之士，乃商之三民書局印行。孫君熱忱淑世，處處為青年著想，至為感佩。

　　此書不是一有系統的著作，但當時寫這些文字實在是環繞我的《歷史哲學》、《政道與治道》、《道德的理想主義》這三部書而寫成的，也可以說是以這三部書所表示的觀念為背景而隨機撰為短章以應各報刊之需要。

　　這些短篇文字，不管橫說豎說，總有一中心觀念，即在提高人的歷史文化意識，點醒人的真實生命，開啟人的真實理想。此與時下一般專注意於科技之平面的，橫剖的意識有所不同。此所以本書名曰《生命的學問》。生命總是縱貫的，立體的。專注意於科技之平面橫剖的意識總是走向腐蝕生命而成為「人」之自我否定。中國文化的核心是生命的學問。

由真實生命之覺醒，向外開出建立事業與追求知識之理想，向內滲透此等理想之真實本源，以使理想真成其為理想，此是生命的學問之全體大用。

現代人都去追求理想，而卻終無理想。遑急迫躁，不可終日。人究竟往哪裡走呢？縱使能登陸月球，又有什麼用呢？青年人在此不可不端正其最初的心願，正大其基本方向。恣肆乖戾，虛無邪僻，皆足顛倒其生命，決無關於理想。

青年的朋友若從這些較淺近的文字循序悟入，能於自己的生命方向有所助益，則你將始而憧憬，終而透徹，必有如孟子所謂「若決江河，沛然莫之能禦也」。

牟宗三

中華民國五十九年六月
自序於九龍

目次

說「懷鄉」

　　叫我寫懷鄉，我是無從寫起的。這不是說我的故鄉無可懷。乃是我自己主觀方面無有足以起懷的情愫。我愛山東，我也討厭現時的山東。我愛中國，我也討厭現時的中國。我愛人類，我也討厭現時的人類。

　　試看，我這種愛憎，完全是一種一般的抽象的，也可以說是客觀的情緒。（寡頭的客觀情緒。）

　　我討厭現時的人類，但我的內心不能冷到完全是厭離的境地。可見我對於人類有內在的愛戀，因為是「人」，所以我愛他。這還是孔子「吾非斯人之徒與而誰與」的意識。但這只是抽象地，一般地說。

　　因為是人，就要真正地是一個「人」，同時就要真正地把人當人看。因此，我反對一切不把人當人看的理論與行動，此如共黨之類。「人是人」這一句重複的語句，這一句不把人下定義，不還原為另一種動物，或另一種概念的語句，是多

麼莊嚴而警策。因為是人，就要真正地是人，這含有多麼崇高而豐富的意義。這點，我深深地起敬畏之繫念。

可是，你知道，這只是一個抽象的繫念。落在具體上，無論是山東人、中國人，以及現時風氣中的人類，我都有點木然。我當然有我所敬愛的知交師友。但是一個人只能說有幾個知交師友，那也就太孤零，太寡淡而乏陪襯了。雖說人生得一知己而可以無憾，但是若有陪襯，則以無知己為憾；若無陪襯，而徒有少數知交，則反以無陪襯為憾。在此，我可以說，我的情感似乎是受了傷。所謂受傷，不是說受了什麼挫折或打擊，乃是說先天上根本缺乏了培養，也就是缺乏了陪襯。

對於鄉、國、人類，不應當只是抽象的愛，還要有具體的愛。這便須要有陪襯。懷鄉，也須要有陪襯。否則，是無可懷的。這就是我所說的主觀方面無足以起懷之情愫。

現在的人太苦了。人人都拔了根，掛了空。這點，一般說來，人人都剝掉了我所說的陪襯。人人都在遊離中。可是，惟有遊離，才能懷鄉。而要懷鄉，也必是其生活範圍內，尚有足以起懷的情愫。自己方面先有起懷的情愫，則可以時時與客觀方面相感通，相粘貼，而客觀方面始有可懷處。雖一草一木，亦足興情。君不見，小品文中常有「此吾幼時之所遊處、之所憩處」等類的話頭嗎？不幸，就是這點足以起懷的引子，我也沒有。我幼時當然有我的遊戲之所，當然有我的生活痕跡，但是在主觀方面無有足以使我津津有味地去說之情愫。所以我是這個時代大家都拔根之中的拔根，都掛空

之中的掛空。這是很悲慘的。

　　我是一個農家子弟，又生長於一個多兄弟姐妹的家庭，而又天天忙於生活的窮困家庭，只有質而無文的家庭，本是很少枝葉的。兄弟姐妹多了，父母對子女的嬌愛就減少。窮困則無暇多顧念。因此，我自幼就是一個於具體生活方面很木然生疏的混沌。惟一使我懷念的還是那種暮色蒼然中幾匹大騾子急急奔野店的情景，但這太蒼茫了。又使我常常想起的，則是在我十三四歲的時候，一個馬戲班子騎在馬上跑的那個小女孩。我當時莫名其妙地非想去看她不可，這也許就是所謂愛情了。我一生只有那麼一點羅曼斯的愛苗。但從此以後，也就斬斷了。就是對那個馬戲班子的小女孩起愛憐，其情景也未免太流動，太飄忽了。及至在北平讀大學了，暑假回家的時候，我還是常常睡在村莊的野外，或打麥的廣場上。到上學了，也無人過問，說走就走了。只是先父偶爾囑咐幾句就完了。我現在想想，那還是生命的健旺。各人忙各人的，很少有離別之情。只是抗戰那一年，我離家時便不同了。先父那時已年老了（先母已先去世）。我感覺到他老人家英雄氣短，兒女情長的神色。

　　我這麼一個在蒼茫氣氛中混沌流蕩的人，在生活上，實在太孤峭乏潤澤了。直到現在，我還是一個幾乎無生活的人。譬如對於一般人的來來往往，若有若無，似乎皆不在心上。凡足以成禮飾情的事，我皆未寄以任何注意。我不往，你因而不來，亦無所謂。普通都說我傲慢，實則這是不恰當的。我在謙虛或傲慢方面，實在是沒有什麼意識的。凡不可以談

的，我不願談。我也未故示謙虛，也未有意傲慢。凡可以談的，我就盡量地談，不分晝夜地談。普通說，愛情無條件，無貴賤。性情之交談，真理之交悟，亦是如此。然須知這不是日常的具體生活。雖不是傲慢，然這裡的孤峭，亦不是人生之幸福。

我愈孤峭，愈離現實，我平常寫的那些文章，發的那些議論，只是興趣之不容已，只是內在的「是非之追求」。我之寫文章，就好像是一個藝術品之鑄造。鑄造成了，交付出去就算完了。我沒有必期人懂之意念。我把道理說出來，置諸天壤間。悟者自悟，迷者自迷。我也沒有據為己有的意思，好像是我創造出來，我就不管了。我也沒有期人稱贊的要求。我當然不能說完全無好名心。但這方面實在並不強烈。

這種傾向，是我常常感到的。這是一種藝術性的傾向。但是近來我寫文章的意識又稍有轉進。這與本文的說懷鄉有關係。我由藝術性的興趣之不容已，轉到道德性的擔負之不容已。我感覺到現在的人太苦了，連我自己也在內。實在有使其置根落實的必要。置根是對前面所說的拔了根說。落實是對前面所說的掛了空說。我近年來很意識到：我所發的那些思想，完全是想從崩解墮落的時代，湧現出足以安定人生建立制度的思想系統上的根據。要作這步工作，其心思必須是綜合的、上提的。因為在這塌下來一切都落了空的時代，要想重新湧現出一個安定人生建立制度的思想系統，必須是翻上來而從根上滋生我們的指導觀念。這裡面含有三事：一是疏導出民主政治的基本精神，以建立政治生活方面的常軌。

二是疏導出科學的基本精神，以建立知識方面的學問統緒。三是疏導出道德宗教之轉為文制的基本精神，以建立日常生活方面的常軌。凡是說到基本精神處，都是說的足以安定人生建立制度的思想系統。而此思想系統的湧現，又必須從貫通中西文化發展的脈絡途徑與夫其程度處著眼，始能真實不謬，確定不疑。這是我個人以及幾位朋友所努力從事的。

我現在已無現實上的鄉國人類之具體的懷念。我只有這麼一個孤峭的，掛了空的生命，來從事一般的、抽象的、足以安定人生建立制度的思想系統之釐清。這只是抽象的懷念，對於「人之為人」的本質之懷念。以前孔子說：「老者安之，少者懷之，朋友信之。」了了數語，真是王道之大端。現在不但是老者少者須要安懷，一切人都須要安懷。這就必須從新來一個文化的反省，思想系統的釐定。張橫渠說：「為天地立心，為生民立命，為往聖繼絕學，為萬世開太平。」這四句話，在這裡真有其切實的意義，並非是些空洞的大話。我們往常不解。我現在才真正感到了。試想在這個拔了根，落了空的時代，人類真是沒有命了。這如何能不須要「為生民立命」呢？天地以生物為心。人類沒有命了，天地的心在哪裡？所以「為生民立命」，也就是一個仁心之不容已，也就是「為天地立心」了。往聖千言萬語，所念念不忘者，總在此事，這不是科學所能擔負的。所以在科學以外，必須承認有道德宗教的聖賢學問。所以為生民立命，為天地立心的大業，也就是為往聖繼絕學，為萬世開太平了。我以前有詩云：「上蒼有眼痛生民，留取丹心爭剝復。」我現在也只有這一點丹

心，尚未泯滅。

人類有了命，生了根，不掛空，然後才有日常的人生生活。離別，有黯然消魂之苦；團聚，有遊子歸根之樂。僑居有懷念之思，家居有天年之養。這時，人易有具體的懷念，而民德亦歸厚。

吾友唐君毅先生曾云：「人自覺地要有擔負，無論是哪一面，總是痛苦的。」此言甚善。一定要以天下為己任，一定要以道為己任，其生命中總不免有破裂。即偏傾在某一面，而有了個沉重的擔負。若是生在太平盛世，則不識不知，順帝之則，豈不是好？否則，若只是順藝術性的興趣之鼓舞，則亦隨時可以起，隨時可以止。此亦是充實飽滿之自娛。再不然，上上者「無適也，無莫也，義之與比」、「無可無不可」。此是大聖人之圓盈渾化，若沒有先天的根器，很難至此。不幸，生在這個崩解的時代，既不能不識不知，順帝之則，復不能只是順藝術性的興趣之鼓舞以自娛，更無大聖人渾化之根器，則其破裂偏傾而有擔負之苦，亦勢所當然。我以孤峭乏潤澤之生命，只能一往偏傾，求其生命於抽象之域，指出時代癥結之所在，凸出一思想系統以再造。甘願受此痛苦而不辭，則亦安之若命也。我們這一代在觀念中受痛苦，讓他們下一代在具體中過生活。

四十二年二月《人生》雜誌

哲學智慧的開發

一、有取之知與無取之知

　　人的生物生活，一方面是吃食物，一方面是消化食物。吃是有取，消化是無取。人的意識生活亦是一方是有取，一方是無取。有取於物是明他，無取於物是「明己」。明己即自覺也。從學問方面說，明他是科學活動，給我們以「知識」；明己是哲學活動，不給我們以知識，而給我們以智慧。人生「自覺的過程」即是哲學智慧的開發過程。是以老子說：「為學日益，為道日損。」為學即是有取，故日益也。為道即是無取，故日損也。「損之又損，以至于無。」即表示從明他而純歸於明己也。

　　孔子曰：「知之為知之，不知為不知，是知也。」這個知就是自知之明，故此是一種智慧語。《莊子‧齊物論》篇載：

> 齧缺問乎王倪曰：子知物之所同是乎？曰：吾惡乎知
> 之。子知子之所不知耶？曰：吾惡乎知之。然則物無
> 知耶？曰：吾惡乎知之。雖然，嘗試言之，庸詎知吾
> 所謂知之非不知耶？庸詎知吾所謂不知之非知耶？

你知道這個那個嗎？我全不知。你知道你不知嗎？我全不知。
我只是一個「無知」。這個無知就是把一切「有取之知」停止
而歸於一個絕對之無知。這個「無知」就是從不斷的超越亦
即是絕對的超越所顯之無知。而無知就是一種自覺之真知，
亦是最高之智慧。此不是科學之知也。故云：「庸詎知吾所謂
知之非不知耶？庸詎知吾所謂不知之非知耶？」你那些有取
之知，對自知自明言，全不濟事。我這種不知，對自知自明
言，倒是一種真知。故要返回來而至無取之知，則必須把一
切「有取」打掉，洒脫淨盡，而後歸於照體獨立，四無傍依，
此之謂哲學智慧之開端。

　　一天，邵堯夫問程伊川曰：你知道雷從何處起？伊川曰：
我知道，你卻不知道。堯夫愕然，問何故？伊川曰：你若知
道，就不必藉數學來推算。求助於數學，可見你不知也。堯
夫曰：你知從何處起？伊川曰：從起處起。堯夫一聽佩服之
至。從「有取之知」的立場上說，知道「一定的起處」才算
是知。現在卻說「從起處起」，這等於沒有答覆，如何算得
知？豈不是笑話？至多亦是玩聰明。但是邵堯夫畢竟不同。
他聽見這話，卻佩服程伊川的「智慧」。這不是玩聰明。這是
從「有取之知」轉回來而歸於「無取之知」的一種境界。

　　大凡從「有取之知」的追求，而至於知有無窮無盡，即知有一個無限，不是你的有取之知所能一口吞，因而轉回來而歸於謙虛，或歸於「自己主體」之自知，這都是一種智慧的表示。當牛頓晚年說：我只是一個海邊上的小孩在拾貝殼，我所知的只是滄海之一粟。這就表示牛頓已進到謙虛的智慧。當康德晚年說：上而蒼蒼者天，內而內心的道德律，我越想它，越有敬畏嚴肅之感。這就表示康德已進到歸於「自己主體」之自知的智慧。

　　由科學家的追求而歸於謙虛，我這裡且不說。表示無取之知的哲學活動也是一種學問，此就是哲學。我在這裡要說一點：藉哲學活動所表示的「哲學智慧之開發」之意義。

二、哲學的氣質

　　你要作哲學活動，先要預備幾種心境：

　　第一、現實的照顧必須忘記，名利的牽掛必須不在意。以前的人說，古之學者為己，今之學者為人。照顧與牽掛都是為人，不是為己。在日常生活中，如果你照顧的太多，你必疲於奔命。這時，你的心完全散落在外面的事物上，你不能集中在一處，作入微的沉思。我們平常說某人在出神，視而不見，聽而不聞。完全是個呆子。其實不是個呆子。他現實上的照顧完全忘卻了。現實的照顧是社交。社交不是哲學活動。照顧自己與照顧他人，都足以分神。照顧自己的瑣事是侍奉自己的軀殼，不是侍奉自己的心靈。而侍奉自己的軀

殼亦是為的他人。照顧他人太多，則或者只是好心腸的浪費，或者只是虛偽。虛偽固不必說。好心腸的浪費亦是於事業於真理的表現無補的。這只是婆婆媽媽的拖沓。孟子說「惠而不知為政」。這也是表示一個一個的照顧之不行。我們現在尚說不到政治道理上的是非，只說婆婆媽媽的拖沓不是哲學活動的心境。這時你必須不要有婆氣，而須有點利落的「漢子氣」。當有四五人在場與你聚談，你這裡敷衍幾句，那裡敷衍幾句，有性情的人決不能耐，他根本不和你談，他走了。這時你固不能得到任何真理，你也不能認識任何有肝膽的朋友。而那個不能耐的人，卻是個可以作哲學活動的人，他將來也可能是一個作大事的人，或於任何方面總有所成的人。你可以罵他沒有禮貌，但在此時，他可以不管這點禮貌。禮貌與婆心，在經過哲學智慧的開發過程後，將來終要成全的。但在哲學活動的開始過程中，禮貌與婆氣，一起須丟掉。這不是故意的傲慢，這是假不來的。我說作哲學活動要預備這種心境，假如你終不能有這種心境，則即不能有哲學活動。所以這種哲學的心境我們也可以叫做哲學的氣質，哲學的氣質是一個人氣質上先天的氣質。氣質上先天的漢子氣可以作哲學活動，而婆氣則不能。經過哲學活動的過程，婆氣變為婆心。成全禮貌與婆心，這將是你的哲學智慧之大成。這是通過「無取之知」的理性的自覺而來的。這是不順你的氣質上先天的氣質而來，而是順你的心靈上先天的理性而來。你若沒有經過漢子氣的「稱心而發」的哲學活動，你的好心腸只是婆氣的拖沓，你的禮貌只是世俗的照顧。你不過是在風俗

習慣中過活的一個一般的人。當然，不能天下人都能有哲學活動，這自不待言。

我這裡只就「照顧」一點說，至於名利的牽掛更不必說。

第二、要有不為成規成矩乃至一切成套的東西所粘縛的「逸氣」。直接是原始生命照面，直接是單純心靈呈露。《莊子·田子方》篇：

> 溫伯雪子適齊，舍于魯。魯人有請見之者。溫伯雪子曰：不可。吾聞中國之君子，明乎禮義，而陋于知人心。吾不欲見也。至于齊，反舍于魯。是人也，又請見。溫伯雪子曰：往也蘄見我，今也又蘄見我，是必有以振我也。出而見客，入而歎。明日見客，又入而歎。其僕曰：每見之客也，必入而歎，何耶？曰：吾固告子矣。中國之民，明乎禮義，而陋乎知人心。昔之見我者，進退一成規、一成矩，從容一若龍、一若虎。其諫我也似子，其道我也似父。是以歎也。

這是藉有道之士的溫伯雪子來反譏落於外在的成套中的鄒魯之士、縉紳先生，這些縉紳先生，其所明之禮義都是成為風俗習慣的「文制」，亦就是所謂外在的成套。他們並不真能通過自覺而明乎禮義。他們的明只是習慣地明。他們依照其習慣之所學，言談舉動，都有成式。故曰：「進退一成規、一成矩，從容一若龍、一若虎。」郭象注曰：「槃辟其步，逶蛇其跡。」此如學舞者然。學好步法，以成美妙之姿。此只是外

在的好看，而不是心靈之美。其心靈完全為成規成矩所拘繫，此是殉於規矩而不能自解，故其心靈亦不能透脫而得自在。有物結之，靈光已滯，故智慧亦不顯也。此即是「明乎禮義，而陋于知人心」。一切禮義要成全，但須是耶穌的精神才行，不是法利賽人的僵滯所能辦。在法利賽人手裡，一切禮義都死了。所以通過哲學智慧的開發，禮義是要完成的。但那時是透過形式主義的形式，而不是殉於形式主義的形式。一個能有哲學活動的人，他開始自然達不到這種境界。但他開始必須有不在乎一切成套，不注意一切規矩，不殉於一切形式的氣質。一個人在現實生活中過活，不能不有現實的套。衣食住行都有套，自然不必奇裝怪服，驚世駭俗，但亦不必斤斤較量，密切注意，而膠著於一定之格。他甚至可以完全不注意這些。有衣穿就行了，有飯吃就行了。你說他總是穿這一套，必是他拘在這一套。其實不然。他隨時可以換，無可無不可。他開始這樣，這不是他的成熟。這只是他的不注意。而他之如此不注意，只是他的原始生命之充沛，只是他的自然氣質之洒脫，因而也就只是他的單純心靈之直接披露，而不陷溺。常有這樣心境的人，可以作哲學活動，此也就是一種哲學的氣質。此也許是一種浪漫性，但不是否定一切的氾濫性。我願叫它是「逸氣」。

　　第三、對於現象常有不穩之感與陌生之感。羅近溪《盱壇直詮》載：

　　　　不肖幼學時，與族兄問一親長疾。此親長亦有些志況，

　　頗饒富，凡事如意。逮問疾時，疾已亟。見予弟兄，
　　數嘆氣。予歸途，謂族兄曰：某俱如意，胡為數嘆氣？
　　兄試謂我兄弟讀書而及第，仕官而作相，臨終時還有
　　氣嘆否？族兄曰：誠恐不免。予曰：如此，我輩須尋
　　個不嘆氣的事做。予于斯時，便立定志了。

立志就是立志學道，尋個不嘆氣的事做。現實上，凡事如意，臨終尚不免數嘆氣。此即表示：一切榮華富貴都是不穩的，都是算不得數的。當你嘆氣的剎那間，你的心靈就從現實榮辱的圈套中躍躍欲現，從現實的雲霧中湧出光明的紅輪。此時你就超越於你所不安的現實而透露一片開朗的氣象。人的外部生活都是你靠我，我靠你的。相依為命，亦可憐矣。此即莊子所謂：

　　一受其成形，不化以待盡。與物相刃相靡，其行盡如
　　馳，而莫之能止。不亦悲乎？終身役役，而不見其成
　　功。苶然疲役，而不知其所歸，可不哀耶？人謂之不
　　死，奚益？其形化，其心與之然，可不謂大哀乎？人
　　之生也，固若是芒乎？其我獨芒，而人亦有不芒者乎？
　　（〈齊物論〉）

人在相刃相靡的因果鍊子中打旋轉，就是一種可悲的芒昧。試想：人立必托足於地，坐必托身於椅，臥必依賴於床。若無一支持之者，則由於地心吸力，必一直向下墜落而至於無

底之深淵。推之，地球靠太陽，太陽靠太陽系。此之謂相刃相靡，其行如馳，而莫之能止。一旦，太陽系崩潰，因果鍊子解紐，則嗒然無所歸，零落星散，而趨於毀滅。然則現實，人間的或自然的，寧有穩定可恃者乎？假若你能感覺到山搖地動，則你對於這個凍結的現實一大堆即可有通透融化輕鬆之感。向之以為穩定著實是凍結也。你要從凍結中通透，就要靠你的不穩之感。這在叔本華，名曰形而上的要求。一旦從凍結中通透，則一切皆輕鬆活躍，有本有原，不穩者亦穩矣。此在古人，名曰覺悟，亦曰為天地立心，為生民立命也。故羅近溪復云：

> 蓋伏羲當年亦儘將造化著力窺覰，所謂仰以觀天，俯以察地，遠求諸物，近取諸身。其初也同吾儕之見，謂天自為天，地自為地，人自為人，物自為物。爭奈他志力專精，以致天不愛道，忽然靈光爆破，粉碎虛空。天也無天，地也無地，人也無人，物也無物。渾作個圓團團光爍爍的東西，描不成，寫不就，不覺信手禿點一點，元也無名，也無字，後來只得喚他做乾，喚他做太極也。此便是性命的根源。（《盱壇直詮》）

這一段便是由不穩之感而至陌生之感。由不穩而通透，由陌生而窺破。天是天，地是地，人物是人物，這是不陌生。你忽然覺到天不是天，地不是地，人物不是人物，這就是陌生之感起。一有陌生之感，便引你深入一步，而直至造化之原

也。人到此境界，真是「骨肉皮毛，渾身透亮，河山草樹，大地回春」。這是哲學智慧的最高開發。但你必須開始有不穩之感與陌生之感的心境。這種心境，我願叫它是「原始的宇宙悲懷」。

以上，第一點漢子氣是勇，第二點逸氣是智，第三點原始的宇宙悲懷是仁之根也。哲學的氣質，當然可以說很多。但這三點是綱領。這三點都表示從「向外之有取」而轉回來歸之於無取。一有取，即落於現實的機括（圈套）中。從有取歸於無取，即是從陷溺於現實機括中而躍起，把內心的靈光從雲霧荊棘中直接湧出來。此是無所取，亦是內心靈光之呈露。故羅近溪又云：

> 於是能信之真，好之篤，而求之極其敏焉，則此身之中生生化化一段精神，必有倏然以自動，奮然以自興，廓然渾然以與天地萬物為一體，而莫知誰之所為者。是則神明之自來，天機之自應，若銃砲之藥，偶觸星火，而轟然雷震乎乾坤矣。至此，則七尺之軀，頃刻而同乎天地，一息之氣，倏乎而塞乎古今。其餘形骸之念，物欲之私，寧不猶太陽一出而魍魎潛消也哉？

此就是哲學生命之開始，亦就是哲學智慧之煥發也。

三、無取之知的哲學系統

哲學生命開始，哲學智慧煥發，則順此路，更須作細密的哲學活動之工夫。這部工夫可從兩面說：一面是柏拉圖的路，一面是康德的路。

哲學活動總是無取的，反省的。但是無取反省，有是從客體方面表現，有是從主體方面表現。前者是柏拉圖的路，後者是康德的路。柏拉圖首先指出在變化無常的感覺世界之外，有肯定理型世界的必要。把握理型，須靠純淨的心靈，而心靈之為純淨，因而可以把握潔淨空曠圓滿自足的理型，是由感覺的混雜中陷溺於軀殼中，解脫出來，始成其為純淨。心之純淨化即心之解放。這一步解放即表示人的生命之客觀化。此所謂客觀化是以純淨的心靈之理智活動把握普遍性永恆性的理型而成者。即由心之純智活動而成者。故此步客觀化是由「無取之知」中首先表現：人要成為一真正的人須是一「理智的存在」。這是希臘人的貢獻。純智活動之把握理型即成功一「形式體性學」(Formal ontology)。這不是科學。因為它雖然講感觸現象之變與永恆理型之不變，它卻不是就一定的經驗現象實驗出一定的知識系統，如物理或化學。它只是在思辨中，於變化現象外必須肯定一「不變者」。否則，變亦不成其為變，任何對象亦不成其為一對象，而任何名詞與命題亦無意義。這種思辨是在變之可能，一物形成之可能，名詞與命題有意義之可能之間進行，進行不變者之肯定。故

純是一種反省的，辨解的。結果亦是「無取之知」。這種「無取之知」只在使我們自己明白，堅定理型之信念，洞徹靈魂之歸宿。這就是內外明白：內面的明白是靈魂的純潔化，有了寄託與歸宿，外面的明白是在變化混雜的感覺現象外有一個秩序整然圓滿自足的本原，這就是萬物總有其「體性」。因此，內面的明白是純淨了靈魂，外面的明白是貞定了自然。這就是無取之知的哲學活動所成功的形式體性學所表現的智慧。這一種活動就是叫我們能欣賞「形式」之美。所以柏拉圖必叫人讀幾何學。數學幾何都在此種精神下完成。如果你再對於數學幾何乃至體性學中的理型系統加以反省，則邏輯出焉。所以你要作細密的哲學活動之工夫，你必須首先作無取之知的邏輯訓練，認識各種的邏輯系統。（辯證法不在內。）這就是柏拉圖一路所開之一支。

　　但是，柏拉圖一支之反省尚是平列的，其對於心靈之純淨化只形成為「純智的認識活動」，即，只把「主體」確定為「認識的心」，尚不能真正把主體建立起來。康德的反省活動，在科學知識成立之後，由認識主體方面反省科學知識所以可能之根據，才真正把主體建立起來，才更恰合於哲學的「無取」之義，而純歸於主體之彰顯。因此，他所彰顯的認識主體不只是一個純智的了解，而且是一個主動的理性之心。由其自身之自發性發出一些使經驗知識為可能的超越條件，因此，主動的理性之心是有內容的。這完全是由反省認識主體所彰顯出的在「向前有取」的活動背後的一個超越的系統，由超越條件所形成的一個超越系統。藉這個系統，始真把認

識主體建立起來;而哲學之方向、範圍,始真見其不同於科學;而其為「無取」與科學之「有取」始真釐然劃得清。

　　但是,他這樣建立起來的認識主體尚只是理論理性的(或曰觀解理性),主體尚須再推進一步而被建立,即建立其為實踐理性的,即由認識主體再轉進一層而至實踐主體。實踐主體即是「道德的心」,抒發律令指導行為的意志自由之心。主體,至此始全體透出,整個被建立起來。此真所謂「海底湧紅輪」,而以其自身之「系統網」籠罩整個經驗界或現象界。至此,中國人所謂「人極」始真建立起,而在西方文化生命的立場上說,上帝與靈魂不滅亦因道德的心之建立而有了意義,有了著落。這一步開啟,所關不小。認識主體之建立,尚只是智的、理論的;實踐主體之建立,則意與情俱有其根,而且其地位與層次及作用與內容俱卓然被確立,而不只是浮游無根,全不成其為一客觀之原理者。(如只知科學知識者,或只是理智主義者,以其一刀平之平面,即不能把情與意視為一客觀之原理,而只是浮游無根者,而亦不予以理會。他們找不出它的意義來,亦不敢正視它。因此,他們尚未到立體的境界。)

　　由認識主體進而實踐主體,智、意、情三度立體形之徹底形成,就是人生宇宙之骨幹。智、意、情之客觀性原理性之徹底透出各正其位,是無取的反省的而唯是以顯露主體為職責的哲學活動之登峰造極。孔子說:「興于《詩》,立于禮,成于樂。」這也是意與情之徹底透出之立體形。惟其「興于《詩》」一語只表示生命靈感之悱啟,相當於「原始的宇宙之

悲懷」（仁之根）。而智一層，即認識主體，則在儒家並未徹底轉出。吾人現在的哲學活動須補上這一度，以補前人之不足。惟有一點可說者，即認識主體必是下級的，而實踐主體，意與情，則是上級的。立體之所以為立體，惟賴此「上級的」之透出；而若只是智，只是認識主體，則未有不落於平面者。只知科學知識者，或只是理智主義者，則於「實踐主體」完全不能接觸，視意與情為浮游無根之遊魂，讓其隨風飄流而漫蕩，故亦不敢正視人生宇宙也。此其所以為乾枯的淺薄的理智主義，所以流入理智的唯物論之故也。而若知「認識主體」之限度，進至「實踐主體」之建立，把意與情之客觀性原理性徹底樹立起，則向之浮游無根，飄流而漫蕩者，實正居於人生宇宙之背後而為擎天柱，亦曰「實現原則」也。其為漫蕩者實只自限之智之作繭自縛而封閉以成者。

惟有智意情三度立體形之完成，始能開出精神生活之認識，始能開出歷史文化國家政治之為「精神表現」之認識。這一步是黑格爾所開啟，吾名之曰「辯證的綜合系統」。惟黑氏學不能盡無弊。吾在這裡大體言之是如此：「辯證的綜合系統」必以柏拉圖的邏輯分解系統，與康德的超越分解系統，以及儒家的心性之學仁義之教為底子，而後始可以言之恰當而無弊，而且正可以見其利也。一個哲學活動貫通了這一整系，始真可以說：「為天地立心，為生民立命，為往聖繼絕學，為萬世開太平。」（張橫渠語）

對於這一整系，如不能貫通到至精至熟的境地，稍有差謬，即見其弊。而現實上已有之矣。如乾枯的淺薄的理智主

義、理智的唯物論，只認科學工業技術—機械系統為真實，則必引出馬克思主義之魔道而毀之。同時，意與情一不得其正，則必引出尼采、希特勒之瘋狂。此中脈絡，瞭如指掌。此在善學者之用其誠。

夫一有哲學氣質之心靈乃天地靈秀之所鍾，為任何時代所必須。此是汙濁混亂呆滯僵化時代中清新俊逸之氣也。惟賴此清新俊逸之氣始有新鮮活潑之生命，始有周流百代之智慧。所謂「握天樞以爭剝復」，其機端在此清新俊逸之氣也。眾生可悲，有一焉而如此，則亦旦暮遇之也。

四十一年六月《臺灣新生報》專欄

從西方哲學進至儒家學術
——〈王陽明致良知教〉引言

一

　　西方的傳統哲學大體是以邏輯思考為其進路，邏輯思考首先表現為邏輯定義。由邏輯定義，把握一物之「體性」（本質），此即柏拉圖、亞里士多德等人所說之理型、形式或共理。由此前進，即成為「形式體性學」(Formal ontology)。但是邏輯定義所把握之一物之體性或本質，並不函一物之存在：有一物即有一物之體性，但有一物之體性不必函有一物之存在。如是，要想說明體性與存在之結合，即必須說明一物之實現，而此又必須進而講「實現原理」(principle of actualization)。由實現原理的討論所形成的，便可名曰宇宙論。邏輯定義所把握之「體性」，吾人可名之曰「形成之理」

(principle of formation)。形成之理與實現之理兩者，大體可以窮盡西方形上學之規模。由此兩種理之討論所成為之形上學，吾人可名曰外在的，觀解的形上學 (theoretical metaphysics)。（「觀解的」，普通亦曰「理論的」。而此詞在拉丁原義，為觀解。故譯「觀解的」為較恰。「理論的」則是其引申義。而此兩詞亦皆與「實踐的」為對立。）即中世紀的神學，亦還是由此種進路而建立，即以觀解的形上學為其根據也。進入近世，如笛卡爾、來布尼茲、斯頻諾薩等人的大系統，也還是此種觀解形上學。此種觀解形上學，雖也可以提出最後的真實本體、神等概念，然只是理論的，為邏輯圓滿而立的概念，並不真能印證其真實性。是以此種形上學的責任似乎只在滿足知識的條件，而不在滿足「實踐」的條件。

然而即在西方這種傳統中，也有一個例外，那便是康德。他不從這種觀解的形上學來講最後的本體，如神，他是從實踐理性上來講。這便是觀解的形上學轉到「道德的形上學」，亦可曰「實踐的形上學」。然而康德也只是理論地這樣指點出，這樣分解出，並未能進而再從工夫實踐上這樣講出。宗教乃至宗教中的上帝究竟是生活或實踐中的事，而不只是哲學理論的事。所以還須扣緊生活或實踐而講學問或理論。此點，哲學家的康德尚不能作得到。譬如他講實踐理性，他已充分地指出：要建立道德律，必須假定意志自由；要建立至善，必須假定靈魂不滅；要綜攝一切圓滿現實宇宙，必須肯定上帝存在：這都在實踐理性上得到其意義，得到其客觀妥實性。然這也只是原則地，理論地如此講，而並未從心性上，

經由工夫實踐以全幅呈露、印證或實現此種真實世界也。他把意志自由，靈魂不滅，上帝存在，都看成是實踐理性上的「設準」，即由此「設準」一詞，即可看出其並未能從心性上，經由工夫實踐以全幅呈露、印證或實現此真實世界也。這就表示西方學術中缺乏了一種工夫實踐上的心性之學。康德在輪廓上、扭轉上，他已由「觀解的」轉到「實踐的」，由外在的客體上轉到內在的主體上，但尚未從工夫實踐上實現此種主體。勿以為只要從原則上理論上這樣分解出即足夠，至於實際作工夫，則不必講矣。因為這工夫實踐中也正有一套理論過程與原理系統也，譬如佛教經論之所說，宋明儒者之所說。此即所謂扣緊工夫實踐而講學問理論，而透露全幅真實世界也。若只是理論地、原則地分解出，而未落到工夫實踐上，則於實踐上，於自己之心性中，仍是一片空虛、黑暗，而不著邊際。

繼康德後，十九世紀中葉，又有一個特出的人物，那便是契爾克伽德（Kierkegaard，編按：即齊克果）。他是丹麥的哲人，稍後於黑格爾。他被埋沒了很久。他的著作直至近十幾年來才流行。我也是最近才讀到他的書。這是西方學術文化傳統裡一個最特出的人物，可謂獨一無二。以他這樣獨特而有真知灼見的心靈，當然要開出一派思想來，那便是近時流行的「存在主義」（Existentialism）。可惜現在這些存在主義者無一能繼承契氏的真精神而開出真實的學問。契氏是一個真能扣緊基督教之為生活或實踐中的事而講學問的人。所以他在扭轉上，是非常之精采，非常之透徹，非常之警策。他

不但從觀解的轉到實踐的，從客觀的轉到「主觀的」（即歸於主體上），而且已從康德之理論地原則地講法、形式地講法，轉到具體地實際地講法，歸到具體「存在的」個人上講。此即是「存在主義」一詞之由來。「存在地」觀人生，即是「實踐地」觀人生，亦即非邏輯地，非觀解地觀人生。他在講宗教上，講真實的人生上，講歸依於上帝，講欣趣於「永恆之福」上，力反客觀主義，力反觀解理性的系統主義，即是力反觀解形上學的老路子。（這個老路子是希臘的傳統，吾亦名之曰智的系統。這個路向實只是就滿足知識的條件說話，不就滿足實踐的條件說話。）而他這種新路向倒是真能契合耶穌的精神，契合宗教的傳統，而不是中世紀以觀解形上學為底子的那個傳統。所以他說基督教是內在性的東西，所以必須轉至主體上，而「真理就是主體性」(truth is subjectivity)。因為主體才有決斷，才有肯定，才有態度。從這裡才能見真實的人生，才能保住善與罪惡之辨，是非之辨，因而才能保住「價值」。宗教即是「以無限的熱情欣趣於個人的永恆之福」。這是一個「無限的成為過程」(infinite becoming process)。所以他說：「我不敢自居為基督徒，我只想如何成為基督徒。」要把握這種真理，自然非歸到個人自己的主體上不可，非從具體存在的個人上說不可。他對於這種扭轉是非常之透徹的。請參看他的《非科學的附啟》(*Concluding Unscientific Postscript*)。

二

　　契氏在扭轉的輪廓上比康德又進了一步。但是他究竟還只就宗教情緒而說話。他表現這個輪廓是集中在以下幾個概念：不安、失望、痛苦、怖慄、病至於死、放棄、深淵、歸依、教義之為詭詞等。這一個輪廓誠足以表示宗教歸依，向上一機中的諸關節。但這些關節猶只是外面的話，尚未能進入心性之骨幹以積極地說明並實現此向上一機之超轉。這只是從負面的人生以為情緒上的逼顯，故謂其尚是外面的話。尚未能進入心性內部以正面實現之。他表述人生途程之階段為：美學的，道德的（他名曰宗教 A），宗教的（此曰宗教 B）。「美學的」一階段，相當於孔子所說的「興于《詩》」。此是感性的，本質上是一種感覺的享受，沉淪之途 (the path of perdition)，在一種無限的交引追逐中，陶醉與不安的無限交引中沉淪。「道德的」一階段，則相當於孔子所說的「立于禮」。此是通過自覺而起扭轉作用的一階段，本質上是奮鬥與勝利。而「宗教的」一階段，則相當於孔子所說的「成于樂」。就宗教說，其本質是「忍受」(suffering)。這個忍受函有無限的犧牲、無限的放棄、意志的否決、絕對的相信諸義。契氏陳述此義，是以耶教《聖經》上的亞布拉罕 (Abraham) 為典型。其主要意義就是道德階段與宗教階段之衝擊。道德階段以意志為主，而這裡就要放棄你的意志。在服從上帝中，在恐懼與怖慄中，在無限的放棄中，亞布拉罕以其信仰之大

勇,將其兒子獻祭於上帝。只有因其無限的信仰,他可以將他兒子接回來。因為在上帝,一切事是可能的。依是,宗教的生活是停止並吞沒了道德的生活。在這裡,亞布拉罕沒有意志。因為信仰之跳進,宗教給他的存在之有限性與時間性,以無限而永恆的意義。自此以後,他的生活之每一方面都為他的對於上帝之關係所決定。當一個人在上帝面前自處於有罪之自我否定中,他是在宗教 A(道德)的境界中,在他的有限裡,他已進入了「存在的失望」之恐怖中「病至於死」中。但是這個精神上的病,不似身體上可以致死的病那樣,它是可以因「存在的信仰」而得治。契氏說:「失望即含在人絕望地要成為他自己中,失望不能解除自我的要求。」而當失望轉至其反面,即信仰時,一個人可以在永恆及無限中得到其真實的自我。他躍入一種一無所有中。在此一無所有裡,罪惡底深淵轉成信仰底深淵。當你失望時,你是在沉淪中。當你相信時,你為上帝底力量所提起。一個人在人的分上愈弱,上帝在其身上愈強,而在人的分上愈強,上帝在其身上則愈弱。在信仰中,人進入宗教 B 之門。他放棄一切,犧牲一切,但是最後他所得回的比他們能放棄的多得多。他與上帝之愛為一。他已得到真實的存在。

　　這一切,就西方宗教傳統中所決定的宗教生活之超轉上說,都是對的。但是這畢竟還是就宗教情緒而說話,所以其超轉之關節尚是外面的。這一個關節輪廓,我們可以說還是一個外部的輪廓。契氏仍未能進入內部心性之骨幹,以明道德一階段如何可能,道德的意志,道德的心性,是如何樣的

意志，如何樣的心性，奮鬥勝利中的意志、心性，與超奮鬥勝利中的意志、心性，有何不同，是否衝突，意志是否只是戰鬥中的意志，放棄意志是否即是無意，放棄意志時的意志心性，是如何樣的意志心性。這一切，他都未能進入講明。他只是就宗教情緒在外面說。人的存在之有限性、罪惡性、失望性，西方人能把握得清楚，但是正面的心性之骨幹，則始終不能悟入。如是，這方面仍是空虛。如何能實現真實的自我，仍是不著邊際的，仍是無以自處。他們所能說的只是從罪惡的深淵轉到信仰的深淵，這還是外在的，依他的，故仍是外面的無把柄的話。他們不能進入自己內部之心性，依之以轉化而消除那「罪惡的」與「非理性的」。所以契氏所表述的關節輪廓之真理性，一方只是外面的，一方亦是在他的宗教傳統的習氣裡而表現出。此尚未能鞭辟入裡，四無傍依，直承心性而開出。故猶須進一步也。

三

　　這鞭辟入裡，四無傍依，直承心性而開出之進一步的境界即是儒家學術之起落點，發展至宋明儒者而彰著，即由宋儒程朱發展至陽明之致良知教，則尤透徹焉。所以從觀解的形上學轉至道德的形上學，轉至康德的輪廓，再轉至契爾克伽德的輪廓，我們都承認，都深致其讚嘆。但我們不能停於此，我們必須再進一步而歸到儒家的學術上。這一步如果透徹了，我深信必能給西方宗教以開展、以轉進。現在由契爾

克伽德而開出的存在主義，如能善紹契氏的精神，如能留意
這一部學問，我亦深信必能對於他們的意向與思想有大助益。
我在本書裡，將陽明的致良知教，盡力之所可能，不失其原
義而表出。我所根據的只是《陽明全書》中的《傳習錄》。我
所錄的已不少，以期讀者多就原文以解義。

　　自民初以來，我們開始真正與西方文化接觸。學術界大
體是以學習西方思考路數為主。在我們文化傳統中，儒家學
術裡，沒有科學，也沒有西方那種表現「智」的思考路數。
因此盡量學習這一套，並不算錯。但是寖假以為這一套便是
學術的一切，幾乎忘掉還有另一個學問骨幹的存在，甚至以
為除希臘傳統外，除那種觀解路數以及其所派生的外，一切
都不能算學問。因此中國文化生命所結晶成的那套實踐的學
問，便真斬絕了，成了一無所有了。這並不是中國之福，甚
至也並不是人類文化之福。我個人二十餘年來，除學習西方
那一套外，始終未忘記中國這一面。因此，我常感覺到這二
三十年來，凡以西方那種外在的、觀解的思考路數，以及其
所派生的一切，來解析中國學問，甚至整個道德宗教的，俱
是差謬不相應。人們都知中國文化傳統裡，沒有科學，沒有
宗教。此誠然。但是有希臘傳統的，有科學的，有那種外在
的，觀解的思考路數的，其結果卻並不能保住「價值」。凡是
那種外在的，觀解的思考路數所決定的學問，對於人性俱無
善解。因此，不能知性盡性，即不能開價值之源，樹立價值
之主體。而價值主體，如契爾克伽德所說，就是真理所在。
這是人生以及一切文化活動的一個本源形態。如何能忽而不

顧？至於宗教方面，中國誠然沒有基督教那樣的宗教，但是最高明而圓融的宗教意識、宗教精神、宗教境界，實已含於儒家學術中。而基督教的宗教形態，在人生裡，卻並不能於個人自己之最內部心性中樹立價值之主體，即並不能於內部心性中樹立道德宗教之根。康德言宗教，必自實踐理性入，即已明內部心性之價值主體為成立道德宗教所必不可少之根據。而此點西方卻並不能實現之。此由上文言康德及契爾克伽德即可知。是以西方宗教之成立只是發之於人類的宗教本能，而關於宗教情緒之關節輪廓之表述也只是就這種本能習氣而說出，尚未能進至鞭辟入裡，四無傍依，直就實踐理性上而說出。由此即可看出基督教之必須再轉進再開展，乃為不移之理。於此，儒者由內部心性以言道德實踐之學，正有其最大之文化上之作用。西方基督教如不能進至此部學問以活轉其自己，藉以轉進開展其自己，而仍停滯於其既成之形態中，則決難恢復其文化生命上之鼓舞作用與領導作用。希臘傳統演變的結果是物本，基督教是神本。而人這一本是空虛。故西方人以其自己之空虛地位，乃急轉跌宕，傾注搖擺於神本物本之間，而人的生命乃被牽扯分裂以夶馳。人，以其自己空虛之地位，與神間之關係，亦是處於情緒上急轉跌宕傾注搖擺之境況中，而毫無理之必然性以通之。此吾上文所以謂契氏所表述之「關節輪廓」猶是外面之話也。人與神完全隔離，神之超越性自可承認，但人與神若完全隔離，而無心性之學之「理之途徑」以實現向上一機之超轉，則徒憑「依他之信」乃為不足者。人極立，則神極與物極俱可得其

所，人極不立，則神極與物極俱不得其所。此中國儒者心性之學之「立人極」之所以大也。

　　現在有人謂儒家學術非科學，非民主，非宗教，然不反科學，不反民主，亦不反宗教。此說甚善。非科學，以其學問之用心不在此。不反科學，因儒者本主「明倫察物」，若能開出，正是善事。何須反之？非民主，因其在歷史發展中，於政治形態上未開出民主制。不反民主，開出亦正善耳。何反之有？非宗教，因其攝宗教精神於人文。不反宗教，因其立人極而使神極與物極俱得其所，正所以善化宗教。何可反耶？（西方宗教上之殘酷愚昧正是惡化。）是以吾人現在不必單看中國沒什麼，而須看西方所有的什麼，其本質如何，其貢獻如何，中國所沒有而特有的，其本質如何，其貢獻何在。如此拆而觀之，則由西方之所有，正見其所缺的是什麼，由中國之所無，正見其所備的是什麼。如此而見其會通，則人類文化始有其前進之途徑與向上一機之超轉。是以吾常說：察業識莫若佛，觀事變莫若道，而知性盡性，開價值之源，樹立價值之主體，莫若儒。此即是中國儒家學術之特色，足以善化一切消融一切之學也。故為人間之大本。

四

斯賓格勒 (Oswald Spengler) 謂：

　　　從多方面觀之，中國文化實近似于吾西方者。然彼有

一特異性質，即善的形式之堅持是也。以是其神魂之全部雖逝，其軀殼猶能續存千數百年。（見張蔭麟《西方文化論衡》頁四十四，中華文化出版事業委員會出版）

又曰：

中國文化集中于社會的義務，其哲學及宗教皆聚精會神于人類關係之外的方面。中國文學與美術，其可羨慕之處固多，然大抵淺薄，其意義在表面上已顯露無遺，不需更向深處探索。然以中國人社會的感情之強，故雖其文化之精神確已死滅，其文化猶能勉強支撐，不致崩潰，而其遺緒不獨至于今日，且有復蘇之狀焉。中國文化有一種特殊空氣，即側重人與人間之責任及義務是也。中國人今猶漚浸于此空氣之中。此種理想原為一切文化之基礎，惟在中國，此種理想，有變態之強力。以是中國文明雖腐壞，而中國人依然保持其極高之地位。（同書頁七十）

斯氏確有其理解。「善的形式」一詞之提出，即示其理解之智慧。然謂中國之哲學及宗教皆聚精會神於人類關係之外的方面，則大謬。彼謂「善的形式」，當然是指「禮樂型的教化」而言。禮樂之廣被於人群而形成人與人間之責任與義務，此固是善的形式之外在化。然而自孔子開始，即已由禮文以點

出仁義，孟子由「仁義內在」以言性善，宋明儒者承之以開出心性之學。此皆是將「善的形式」向裡收攝，以立善的形式之根。是則「善的形式」不徒是外在的，且亦是內在的，是則徹上徹下，徹裡徹外，已至通透之境。此方是中國文化之靈魂。而謂只有軀殼，徒賴外在的善的形式以維持，可乎？善的形式，若無其內在之靈魂，則只空殼之墮性耳。此則決不能久。斯氏所了解之中國文化之靈魂，大概只限於不自覺的原始的構造綜和之夏商周一階段。此後，他便謂靈魂已失。實則靈魂之自覺的點醒正自孔子始開始耳。此後所以能維持其善的形式，能延續民族生命於不墜，正賴此靈魂之點醒，因而文化生命不喪耳。今日且有復蘇之狀，亦賴此也。斯氏若能於此有透徹之了解，則必能明文化之所以悠久不息之道，而其文化之循環斷滅論，亦可重新考慮矣。蓋由儒者之學，決不主文化之循環斷滅論也。循環斷滅論惟自赤裸之生命所發洩之才情氣以觀文化耳。此則自不能久。然而中國文化之智慧，惟在能自生命內部以翻出心性之理性，以安頓原始赤裸之生命，以潤澤其才情氣，並由之能進而「以理生氣」也。此即所以悠久不息之道。人類不斷滅之道，亦賴此也。任何民族之文化生命，吾皆願進之以此學以悠久之。

　　吾今將陽明致良知教，妥為表出，以使讀者了解中國儒者心性之學之底蘊。至於其他方面之牽連，則存乎讀者之心悟。而唐君毅先生《中國文化之精神價值》一書，已發其蘊。讀者取而讀之，亦足以廣其悟也。

　　　　　　　　　　　　　　　　四十三年一月於臺北

關於「生命」的學問
——論五十年來的中國思想

　　民國開國已五十年。在此五十年內，中國的思想界大體是混亂浮淺而喪失其本。我們的工作是民主建國，然而我們學術界的思想中心則不能對應此工作而致其誠。兩者脫節，甚至背道而馳。則國運之有今日，亦並非偶然。此種悲慘命運的總原因，是在「生命學問」的喪失。

　　一個不能建國的民族，是不能盡其民族之性的民族。猶如一個人不能站住其自己，是由於未能盡其性。個人的盡性與民族的盡性，皆是「生命」上的事。如果「生命」糊塗了，「生命」的途徑迷失了，則未有不陷於顛倒錯亂者。生命途徑的豁朗是在生命的清醒中。這需要我們隨時注意與警覺來重視生命的學問。如果我們的意識不向這裡貫注，則生命領域便愈荒涼闇淡。久之，便成漆黑一團了。

　　我們自辛亥開國以來，社會上大體皆知道要求科學與民

主政治。但是科學與民主政治，自其出現上說，是並不能自足無待的。如果生命不能清醒凝聚，則科學不能出現，民主政治亦不能出現。我們近五十年來的學術方向是向西方看齊，但是我們只知道注意西方的科學。科學中是並無生命的途徑的。西方人關於生命的靈感與關於生命的指示，是在他們的文學藝術與宗教。尤其是宗教，乃是他們的靈感的總源泉。但是中國的知識分子以其淺薄的理智主義，對於道德宗教是並無嚴肅的意識的，因之對於他們的宗教是並不發生興趣的。要不，就是二毛子的意識，這不在我們討論範圍之內。文學藝術是創造之事，不是學問之事。我們天天在學習西方的文學藝術，但是我們若沒有他們那種生命情調，我們是學不來的。我們的學術方向是以科學為普遍的尺度。我們不注意他們的生命學問。讀哲學的是以理智遊戲為滿足。西方的哲學本是由知識為中心而發的，不是「生命中心」的。我們這幾十年來的哲學界是以學西方哲學為主的。所以只注意了他們的「知識中心」的邏輯思辨，接觸了一些邏輯問題、科學問題，以及外在的思辨的形而上學的問題，而並沒有注意生命的問題。讀西方哲學是很難接觸生命的學問的。西方哲學的精采是不在生命領域內，而是在邏輯領域內、知識領域內、概念的思辨方式中。所以他們沒有好的人生哲學。讀西方哲學而接近生命的，不外兩條路：一是文學的，一是生物學的。然這都不是正宗的。文學的進路是感性的、浪漫的，生物學的進路是科學的、自然主義的，都不能進入生命學問之堂奧。表面看起來，多姿多采，實則皆未入生命問題之中心。誠如

王充所云：

> 豐文茂記，繁如榮華。詼諧劇談，甘如飴蜜。未必得
> 實。(《論衡・本性》篇語)

揆之西方正宗哲學，此皆不免浪漫外道之譏。

西方人有宗教的信仰，而不能就其宗教的信仰開出生命的學問。他們有「知識中心」的哲學，而並無「生命中心」的生命學問。他們有神學，而他們的神學的構成，一部分是亞里士多德的哲學，一部分是《新》、《舊約》的宗教意識所凝結成的宗教神話。此可說是盡了生命學問的外在面與形式面，與真正的生命學問尚有間。就是這一點，亦是中國知識分子的學術方向所不接近的。對於西方如此，對於中國的生命學問，則更忽視而輕視了。實則真正的生命學問是在中國。但是這個學問傳統早已斷絕了，而且更為近時知識分子的科學尺度所窒死。他們對於這個學問傳統，在情感上，倒不是偏愛，而是偏憎了。他們對於西方的一切，倒是有偏愛。可是以其科學的理智主義，對於西方的宗教，就是想愛，亦愛不上。這就表示中國近時知識分子的心態是怎樣的淺陋了，對於生命學問是怎樣的無知了。對於生命學問的忽視，造成生命領域的荒涼與闇淡，甚至達到漆黑一團之境了。所以知識分子的智慧、德性與器識，真是無從說起了。王船山說：「害莫大於浮淺」，誠於今日驗之矣。《易・繫》曰：「極深研幾。」又曰：「唯深也，故能通天下之志。唯幾也，故能成天

下之務。」極深研幾是生命學問透徹以後的事。我們不能「通天下之志」，所以也不能「成天下之務」。民主建國之不成，國運之悲慘，當該於此中求消息。

　　我說中國的生命學問傳統早已斷絕。斷絕於何時？曰斷絕於明亡。滿清入主中國，是民族生命一大曲折，同時亦是文化生命一大曲折。今之陋習，是滿清三百年惡劣曲折之遺毒。晚明諸大儒，顧黃王之心志，是因滿清之歪曲而暢通不下來。他們都是繼承中國的生命學問傳統而重新反省秦漢以降的政體與制度的，他們都是要求自內聖向外開以重建其外王之道的。他們都痛斥「孤秦陋宋」，以明中國何以遭夷狄之禍。對家天下之私之政體以及隨之而來的所謂家法與制度，不能不有一徹底之反省與改變。他們的心志，大體上說，是與西方的十七、八世紀的方向並無二致。他們所處的時代亦正當西方十七、八世紀之時。然而在西方，卻正是一帆風順，向近代化而趨，而他們的心志，卻遭遇滿清之歪曲，而繼續不下來，因而並未形成與西方相平行之發展。平常說中國落後了三百年，其實不是落後，乃是歪曲了三百年。這歪曲的三百年，說短固不算短，然而把歷史拉長了觀，健康其心志，不怨不尤，也並不要緊。要緊的是從速覺悟，扭轉此歪曲的陷落。可惜入民國以來，這歪曲的遺毒，仍然在蔓延，而不知悔，且藉口於科學以加深其蔓延。人們只知研究外在的對象為學問，並不認生命處亦有學問。人只知以科學言詞、科學程序所得的外延真理 (extensional truth) 為真理，而不知生命處的內容真理 (intensional truth) 為真理。所以生命處無學

問、無真理，只是盲爽發狂之衝動而已。心思愈只注意外在的對象，零零碎碎的外在材料，自家生命就愈四分五裂，盲爽發狂，而陷於漆黑一團之境。在這樣的生命狀態下，我們憑什麼要求科學？我們憑什麼要求民主建國？然而追求科學真理，要求民主建國，卻是民族盡性之大業。而「盡性」是生命上的事，是靠一種生命學問來恢宏其內容的。我們的思想界並未在這裡建立其綱維，以端正學術之方向，清醒並凝聚我們的民族生命的。

中國從古即說「大學之道，在明明德」。試問今日之大學教育，有哪一門是「明明德」。今之學校教育是以知識為中心的，卻並無「明明德」之學問。「明明德」的學問，才是真正「生命」的學問。

生命的學問，可以從兩方面講：一是個人主觀方面的，一是客觀的集團方面的。前者是個人修養之事，個人精神生活升進之事，如一切宗教之所講。後者是一切人文世界的事，如國家、政治、法律、經濟等方面的事，此也是生命上的事，生命之客觀表現方面的事。如照儒家「明明德」的學問講，這兩方面是溝通而為一的。個人主觀方面的修養，即個人之成德。而個人之成德是離不開家國天下的。依儒家的教義，沒有孤離的成德。因為仁義的德性是不能單獨封在個人身上的。仁體是一定要向外感通的。「義以方外」，義一定要客觀化於分殊之事上而曲成之的。故羅近溪講《大學》云：「大人者連屬家國天下而為一身者也。」何以是如此？就因為仁義的德性一定要客觀化於人文世界的。且進一步，不但要客觀

化於人文世界，且要擴及於整個的天地萬物。故王陽明云：「大人者以天地萬物為一體者也。」程明道云：「仁者與天地萬物為一體。」這是根據《中庸》「成己成物」而來。「成己仁也，成物智也。合內外之道也。」也是根據孟子「萬物皆備於我矣。反身而誠，樂莫大焉」而來。儒家的教義就是要這樣充實飽滿，才能算是成德。不是個人的得救，一得救一切得救，一切得救始一得救。個人的盡性，民族的盡性，與參天地贊化育，是連屬在一起的。這是儒聖的仁教所必然函到的。

有這樣的生命學問，始能立起並貞定吾人之生命，而且真能開出生命的途徑，個人的與民族的，甚至全人類的。自辛亥開國以來，很少有人注意這種學問。道德價值意識的低沉，歷史文化意識的低沉，民主建國意識的低沉，無過於此時。是表示中華民族之未能盡其性也。只有業師熊十力先生一生的學問是繼承儒聖的仁教而前進的，並繼承晚明諸大儒的心志而前進的。就我個人說，自抗戰以來，親炙師門，目擊而道存，所感發者多矣。故自民國三十八年以來，目睹大陸之淪陷，深感吾人之生命已到斷潢絕港之時。乃發憤從事文化生命之疏通，以開民族生命之途徑，扭轉滿清以來之歪曲，暢通晚明諸儒之心志，以開生命之學問。此《歷史哲學》、《道德的理想主義》、《政道與治道》三書之所由作也。

五十年來，中國思想界大體可分三階段。康有為、章太炎、吳稚暉諸先生為第一階段。五四運動為第二階段。十七年北伐以後為第三階段。這三階段的思想之混亂與浮淺，以

及其離本走邪，歷歷在目。故吾自學校讀書起至抗戰勝利止，這十餘年間，先從西方哲學方面釐清吾人所吸取於西方思想者之混雜，而堅定其「理想主義」之立場。此階段之所思以《邏輯典範》（後改寫為《理則學》）與《認識心之批判》兩書為代表。此後至今，則歸宗於儒家，重開生命之學問。上承孔孟，下接晚明，舉直錯諸枉，滿清以來之歪曲，可得而暢通。中華民族終當盡其性，克服魔難，以屹立於天壤間。

五十年一月《中國一周》

中國數十年來的政治意識
——壽張君勱先生七十大慶

　　中國自辛亥革命以後，這數十年來的政治意識，大體說來，可分三流：一、傳統的革命意識，二、社會主義的意識，三、民主政體的建國意識。

　　辛亥革命，改專制為共和，此為國體之一變。然民主共和國之國體之充分實現，不能不靠民主政治之政體之充分實現。否則，雖名曰民國，實仍同專制。且為「名不正則言不順」之專制。以前的君主專制是名正言順之專制。「名不正則言不順」之專制，實等於混亂，是則表示國家仍未建立起，政治仍未上軌道。故國家之建立，政治之上軌道，相應民主共和之國體而言，惟賴民主政治之充分實現。然民主政體之充分實現，談何容易。民主政體之出現，在西方，有其歷史文化之長期醞釀，其本身亦有其一定之觀念、意識，與夫一定之軌道。而這一套正是所謂「近代的」。中國辛亥革命，根

據這一套而改變國體與政體，其對國人為完全是新的，是毫無疑問的。正因為完全是新的，其難了解與難實行，也是毫無疑問的。這一套要在中國知識分子的意識裡生根而成為習慣，好像是從自家的生命裡發出來，是很難的，一般的人民更不用說。因為不能親切了解與實行，所以那改變了的國體與政體只是一個空架子，而人們的真實意識則不能與之相應。這一新時代的開國，在歷史文化的背景上說，在意識上說，是非常脆弱與空虛的。

　　孫中山先生應選首屆大總統，而旋讓位於袁世凱，其風度是很可貴的，我相信他那時是很有近代化的政治意識在心中。當時一般人也很嚮往近代化的新鮮朝氣。然不久袁世凱欲改變國體，恢復帝制，則一時之朝氣又趨闇淡。疾風知勁草，而當時真能保持民主政體建國之政治意識者，則為梁任公先生。他於袁氏帝制囂張之時，發表〈異哉所謂國體問題〉一文。文中明言政治家只問政體，不問國體。其意是國體不可常動，雖有皇帝，亦可立憲而成民主，譬如英日，故在清末，不主革命，而主君主立憲。現在既已革命矣，改國體為民國矣，何又紛紛再事開倒車？故仍主民主，從事民主政體之充分實現。他這裡雖分國體與政體，實以作為內容之民主政體為主要。而袁氏之帝制自為實即恢復以前之君主專制，否認民主政治，不徒改變國體而已。梁氏之政治意識非常清楚，故出死力以倒袁。袁世凱之垮，可說完全是梁任公與蔡松坡師弟二人之力。惜乎此後，政治仍未上軌道，民主政體仍未依法施行。紛紛攘攘，乃有五四運動後新文化運動出現。

　　五四新文化運動之出現是近時中國發展之一重要的關
節。它的主要意向是反帝反封建，提倡科學與民主。這都是
不錯的。然而由此亦開出了意識的歧出。在這歧出中，最重
要的民主政體之充分實現之政治意識反倒日趨闇淡，直不在
人心中佔地位；佔地位的，倒是跟反封建而來的反中國文化，
這已先動搖了自己的命根，已不是相應民主政體建國之健康
的意識。還不止此，又開出了馬克思主義的社會主義之意識。
這一個歧出是一個軒然大波，是一個大逆轉。由民主政體建
國之主幹的政治意識，一轉而為社會革命之意識，遠離問題
之中心，全繞出去而注目於社會，注目於經濟之平等。起初
為一政治的意識，自由民主的意識，今則轉而為經濟的意識，
社會主義的平等的意識。這一經濟平等的意識，倒更能打動
國人的心坎，倒更能親切國人的生命，故其進入意識中比民
主政體之進入意識中更為容易。這因為經濟是人之物質生活
一面，最切於一身之利害的；又因為中國讀書人傳統的理想
是在為生民請命，同情於農民。這兩點都是人們所易有的直
接意識，亦都為共產黨所利用。經濟是人之物質生活一面，
故共黨主張唯物論亦易為一般淺近的知識分子所接受，而傳
統的為生民請命之理想性，亦易於為共黨的為勞苦大眾請命
之似是而非的理想性所吸引所誤引。然傳統的為生民請命之
理想性，其背後的精神決不是唯物論。出之於馬克思口中的
社會主義而益之以唯物論，則尤足以激盪人心，加重人之革
命性、肆無忌憚性。如是全成了神魔混雜，完全喪失了傳統
的純潔性與理想性。反之，民主政體之政治意識，則是人之

精神生活一面，乃是直接與道德價值、人格尊嚴相連的；而對於這一套的理解與施行，又不是直接的為生民請命之意識所能至，而是需要一種間接的構造意識的。爭自由民主，爭人權，固有時需要有革命之否定，然否定了，必須返回來委曲自己從事一制度之設立，以保住人民之自由與權利，並不是否定了他，倒顯出了我。此所以需要一種間接的構造意識。此其背後的精神根本是理想主義與理性主義，而不只是一種打倒的意識，亦不是一種打天下的革命意識。如此思之，則其進入人們的意識中之困難是很顯然的。這是一種政治家的意識，創業垂統、謀國以忠的意識。相應國體政體而為軌道之構造與夫遵守軌道的政治意識，既非打天下的意識，亦非為勞苦大眾請命（替天行道）之宗教式的社會主義之意識。（並非說政治家不注意生民的福利，但卻不是宗教式的。）

　　列寧在俄國的成功給與孫中山先生的刺激很大。亦影響他民元時嚮往近代的民主政體之政治意識。聯俄容共不能不說是一點曲折。他雖然仍以憲政為最終之目的，而社會主義的意識亦終非其主要之綱領，然而在聯俄容共時，其助長人們的布爾什維克式的社會主義之意識，只知經濟平等之意識則甚大，因而復使一般黨員甚至知識分子違離民主政體建國之政治意識亦甚遠，而同時軍政訓政憲政之劃期，以及以黨治國之訂定，亦足以帶累憲政之實施，而使民主政體建國之政治意識不免有駁雜。

　　對於民主政體建國的政治意識，一生信守而不渝，梁任公而外，惟張君勱先生能之。他始終反對共產黨：反對它的

只注意經濟平等之宗教式的社會主義之意識，反對它的唯物論，唯物史觀。他能保持西方理想主義之正音，他能毅然肯定宋明理學之價值。在科學論戰時，他獨能否認科學萬能之狂言，而認識科學之限制，認識價值世界之不可化歸性。他始終反對打天下之意識，而以政黨政治之實現為己任。他實具有政治家之意識與風格，故其論民主政治決不囿於政治學教授之立場，而能通著歷史文化以及哲學上之理想主義。此實為一實踐的謀國以忠的民主政體建國之政治家的立場。今人方以講歷史文化與理想主義為有助於極權，此實卑陋已極，而不知民主政體建國之政治意識為何物。因為他的民主政體建國之政治意識把得穩，故對於共黨決不含糊，而對於國民黨卻總有離有即，因為國民黨畢竟是以行憲政為目的。故一有行憲之機，便決與人為善，遂造成今日自由中國所行之憲法。縱橫捭闔，罵人為玄學鬼者，其對於民主政體之貢獻又安在？囿於政治學教授之立場，而反傳統文化，反理想主義者，其對於民主政體之貢獻又若何？君子內而為學，外而論世，固非拘拘而無識量者所可與知。

數十年來中國之主要課題仍當是民主政體建國之政治問題，此為一中心之所在。故政治意識離乎此者為歧出，相應乎此者為正宗。夫一正宗之政治意識，於數十年來之發展中，竟不得勢，湮沒不彰，則固中國之悲劇，亦天運之未復也。今在反共之時，人方知自由民主之可貴，方覺悟於只是經濟平等之宗教式的社會主義之意識為邪謬，然則民主政體建國之政治意識之彰著，正其時矣。識者於此占剝復之機。

　　君勱先生嘗謂予言，中國以前只有吏治，而無政治。此語對吾影響甚深。吾乃知以前君主專制之不行，與乎民主政體之進步。凡吾今日對於政治所有之一點知識，皆先生之所賜。目擊而道存，固勝於讀坊間之政治學也。今當先生七十華誕，吾以兩語結斯文：

　　先生民主政體建國之政治意識是恰當的。
　　先生自身是一致的。

　　　　四十五年一月《張君勱先生七十壽慶紀念論文集》

尊理性

一

《祖國》周刊以「理性、人文、自由、民主、科學」五基本概念為宗旨。並承編者不棄，囑就「理性」一項，為文以明之。「理性」一詞，表面看來極易了解，因為人天天在說理講理，但是落實了，又極難說。理性，若簡單指目出來，不外道德理性與邏輯理性兩大綱領。我在本文不必就此兩大綱領去討論理性的本性。又西方哲學，自古以來，就有理性與反理性的對立，如唯物論、機械論，以及講寡頭的生命衝動者，都是反理性的，或是想衝破理性之藩籬的。我在這裡也不想去敘述。本文是想就處在大時代裡受苦的中國「如何站立起」一問題以明理性之義用。這話從哪裡說起呢？

當抗戰末期，張君勱先生在美國會見了懷悌海 (A. N.

Whitehead)，他回國後對我說：那時懷氏已經很老了，躺在床上，不甚能行動，牙齒全脫落，說話亦極艱難。只簡單地說：中國很好，是很合情理的 (very reasonable)。我聽見張先生轉述此語後，心裡非常喜悅。我能想像懷氏說此話的背景，以及他何以如此了解中國的心境。懷氏並未到中國來，他的著述中亦很少論及中國。他純粹是西方學問傳統中的哲人。但是他在他的《歷程與真實》一偉著中，曾說：「本書有兩個主斷：歷程是最後的 (process is ultimate)，事實是最後的 (fact is ultimate)。」他又說兩個主斷所表示的理境不是西方的，乃是東方的。他所謂東方，很顯然是指中國說。因為中國文化傳統中思考問題的態度，有一個很顯明的色彩，就是：其觀點或態度是「功能的」(functional，或譯「作用的」)，而不是「概念的」(conceptual)，尤其不具備亞里士多德所傳下來的那一套邏輯架子，或「本體屬性」那一套概念架子。懷氏說中國人或中國文化「很合情理」，其背景就是他深契這個「功能的觀點」。當然他畢竟還是西方學問傳統中的哲人，他對於中國學問文化的了解，想來也不見得很多。他深契「功能的觀點」，也不過是大體這樣一說而已，可是這大體一說，卻甚有所中。

中國文化傳統中，不喜歡講那抽象的死硬的理性，而是講那具體的情理或事理。那就是說，他們講的理是性情中的理，是事變中的理；在生活上，天理人情都要顧及，己所不欲，勿施於人。「很合情理」是生活上的一種具體的表現：是生活，亦是藝術，是道德，亦是智慧。性命、理氣、才情，

一起都在內。沒有經過概念的分解，橫撐豎架，把它撐開。
（宋明理學已經有分解，但是在踐履工夫中察識到，亦不像
西方邏輯思辨那種概念的分解。）禪宗所謂「作用見性」正
好是這樣態度的表示。這種態度說好了，是「圓而神」，是
「極高明而道中庸」，是「很合情理」；說壞了，是拖泥帶水，
泄沓散漫，軟疲無力。其表現在社會日常生活的習性上常是
感覺的、直覺的、不脫直接反應的型態。理性，若不經過一
番撐開，而只是在合情理的具體表現中，這結果似乎是不可
避免的。這種具體的表現雖是圓融周匝，然從直接反應（隨
機應變）的型態上說，總是一點一點的，一條一條的，總之，
不是一個間接的（重新陶鑄的）「架構型態」。理性的架構表
現若轉不出，那是很難適應這個時代的，也是很難自立的。
因為具體的表現不是形成問題解決問題的精神，那是生活的
藝術，受用的精神。而架構的表現才是形成問題解決問題的
精神。中國處於這個大時代裡，恰恰遭遇到「如何站立起」
一問題。「如何站立起」的問題，也可以說就是「近代化」的
問題，而近代化可以從各方面說，可是若提綱挈領地說，則
當不上不下，不高不低，不遠不近，當從當中的政治方面說，
此也就是普通所謂「建國」的問題，而建國的精神，顯然需
要一種架構的精神，即理性之架構表現的精神。本文願就這
點以明「理性」之義用。

二

　　中國自辛亥革命後，我們建造了民主共和國。但民主政治的政體卻始終是個空架子，一直沒有真實的實現，沒有客觀的實效性。民主政治的政體中有許多概念，如選舉、被選舉、依法進退、權利、義務、公民、自由等等，這一切對於我們都是很生疏的。說起來大家都知道，但一落實，總不對勁。沒有在生命裡生根，所以在情感上總覺著有隔，遵守這些，總覺著受委曲：不自然，不方便，不舒坦。清末遺留下來的秀才翰林當然不習慣這些。嚴復翻譯了好多書給當時的知識分子看，但是不必說接受、實施，就是理解亦不容易。就是嚴復本人也不過是翻譯了而已，他沒有以全幅的生命來擔負起這個理想：他不是一個積極的思想家，疏通致遠，弘揚新理論；他也不是一個有毅力有氣度的政治家，百折不撓，以實現新政體為其宗教。這當然有個人的根器問題，亦因時代的限制使然。但無論如何，這一新政體的開國，只是移置了一個空架子，它缺乏一種文化背景與之相配合。軍人、官僚、政客，鬧得一塌糊塗，簡直沒有內容來填充這個架子。

　　五四運動後的新文化運動，可以說是接觸到了文化背景的問題，但只是橫剖面地提出科學與民主兩個口號，還不能說是相應「新政體的實現」的文化運動。科學與民主是正面的兩個口號，還有反面的兩個口號，便是反帝反封建。而最易打動人之心坎，首先進入人之意識中的，卻是反帝反封建。

反帝是因為中國受帝國主義的壓迫，此中直接所函的意識是
要求富強的意識，反封建是覺得中國老文化不能適應這個時
代，此中直接所函的意識是打倒老的，趨鶩新的。這兩個意
識在社會上極為普遍流行，無孔不入。種種反應都以此兩意
識為底子，然如何富強，如何新，卻很少有能相應新政體的
充分實現而用其誠。「建國」一觀念，因種種因緣（我這裡不
必提），直不在人心中佔地位。我簡直可說，直到今日，人們
對建國一觀念尚無積極而清晰的意識。是不啻對如何富強如
何新一問題，人們的反應全歧出（繞出去）而不中肯。不能
審慎思量如何富強，則只是富強一意識本身不是一途徑，而
很可以顛倒惑亂，與動反動而流於邪。誰不想中國富強，誰
不願中國好？但只是此意識，則無用。顛倒的結果而有今日
之共黨。此即所謂與動反動而流於邪。同樣，如不能審慎思
量如何新，則只是新這一意識本身亦不是一途徑，結果只有
在「時式」中追逐，為時間之俘虜，疲於奔命，而永追不上。

　　知識分子畢竟不同，名詞觀念多一點。如是，對應如何
富強如何新一問題，便轉到科學與民主那兩個正面的口號。
但是近三四十年來，科學與民主始終未出現，而那兩個口號
亦未發生積極的影響。幾十年來，講科學與民主的人，一直
不了解科學與民主的基本精神，亦不了解其在西方首先出現
之文化背景與歷史背景，而只是橫剖面地截取來以為詬詆中
國文化之工具。關於這方面，我們近四五年來說的話已不少。
本文不想多說。本文想把這三四十年來科學與民主的表現形
態略說一說。科學與民主看起來很易了解，但實在亦不容易

了解，尤其作起來促其實現，更不容易。科學是學問的事，研究的事，這需要慢慢發展。只要國家建立起，政治上軌道，社會有秩序，則逐步上路是不難的。說中國文化妨礙科學，這是怨天尤人的舉動，說中國人沒有研究科學的智力，這更不成話。惟中國人實用的習性以及超然的理智興趣之缺乏，這對於科學的研究確實是一種阻力。但只要把學問的精神及中西文化的動脈疏通明白了，這種習性是可以改變的，超然的理智興趣是可以誘發的。就眼前中國問題講，民主一項更為重要。這是富強生新的總關鍵之所在。但是不幸，這三四十年來，這方面的表現太差了。

我已說民主政治這個政體的真實意義很難進到人們的意識中。五四運動後的民主更無人過問，還不如民初尚有「告朔之餼羊」的意味。好像這裡已不是問題之所在，因為我們已經是中華民國了，所以人們想問題便不直接就民主政體的充分實現而用其誠。當政的則在以黨治國、黨在國上的前提下走軍政訓政的途徑，而共產黨則一直欲以馬克思主義來革命。這兩條流吸住了人心，而共產黨在野，尤足以吸住大部人心，而且更足以反映社會上大部知識分子意識之傾向。在這裡即可顯出「民主政體的充分實現」這一回事完全丟在腦後，無人過問。凸出於人們的意識中的是社會主義，是希特勒、墨索里尼的英雄主義。而後者尚不是中國人所容易學得來的，其中的觀念，中國人亦比較模糊。故在這方面，中國人的意識尚不甚清楚，故亦不普遍流行。最後倒是落在中國式的「打天下」一觀念下。其在人們意識中最清楚而最親切

的還是社會主義、共產主義、布爾什維克主義，而唯物論亦比較為一般人所易接受。不管一般人甚至知識分子並不真願實行共產，但資本主義的罪惡，經濟的不平等，最易引起一般人的忿恨心，亦最易引起知識分子的仗義心，而知識分子雖不必真願實行共產，然產之共不共對於中國的知識分子並不甚有痛癢之感。財產權之神聖不可侵犯，在中國知識分子的意識中並不存在。即以此故，社會主義、共產主義、布爾什維克主義在中國知識分子的意識中十分親切而凸出。這便是共產黨盜取天下斲喪中華民族的命脈國脈的社會意識上的資本。人們的意識既為這方面所吸住，所以浮在社會上的主流便是革命與反革命之爭。革命，中國人好像最發生興趣。這後面的意識最複雜，亦最簡單。我這裡不必去說它。在革命反革命的鬥爭過程中，在未達到決定性的狀態前，政治當然不上軌道，國家當然不算建立起，而在這種過渡狀態中，民主政治的充分實現這一課題，退處於冷門，主要的題目屈居於旁枝，而自由民主脫離其原初的政治上的意義，下散而為社會生活、日常生活的氾濫無歸，蕩檢踰閑，極端的墮落，極端的放縱，父兄不能管教其子弟，先生不能教訓其學生。政治上的主流向極權專制一路走，而在過渡中，自由民主即退處下散而為社會生活、日常生活之墮落與放縱。這便是這三四十年來自由民主的表現形態。你說這不是自由嗎？自由極了。你說這是自由嗎？而卻是墮落放縱，亦隨時無保障。這畢竟不是自由，亦無所謂民主。蓋民主脫離其政治上建國上體制的意義，下散而為社會生活、日常生活的墮落與放縱，

這只表示混亂，並不表示軌道。一旦極權專制的途徑走到決定性的狀態，則墮落放縱的假自由亦不可得矣。這便是今日大陸。

常聞來自美國方面的解析，民主是一種生活。這話不錯。在英美那種國家，國家已經建立起，政治體制已有定軌，這種說法自然是很好的，但若看我們的國家，認清我們的主要課題，則這種說法便顯得不夠。因為它太廣泛。這個廣泛的意義，上面不能不有一個體制上的括弧。這個說法的意義是國家已經建立起，政治已有定軌下的一種說法。國家若未建立起，政治體制若未民主化，則徒宣揚這種說法，必然得不到積極的結果。這表示：若民主是一種生活，生活得像一個軌道的樣子，則必須先從種種歧出中歸復到它的政治上、建國上體制的意義。人們的意識中先要認清這主要的課題。

三

民主政體的充分實現是我們這個時代的主要課題，這是建國的主要關鍵。

在此步工作上，人的理性表現是架構表現。

民主之為政治上建國上體制之意義，這是近代之所以為近代之最本質的而且是最佳之內容。科學工業好像是變數，縱使再進步一點或即未進至現在的樣子，亦不妨礙民主之所以為民主，近代之所以為近代。因為這是知識與技術之程度問題，而不是生活方式以及政體方式問題。它固可有助於民

主，亦可有助於極權。惟反之，在民主政體下，科學技術易見其較為純正而易滋長，而且易見其學術上之獨立的價值與意義，而在極權奴化下，則便作不到。

科學與技術是人的理性之用於物，處理對象，這是對付「是什麼」方面的事。而民主則是人的理性之用於其自己，處理其自己，首先，不是處理其自己之為「自然的存在」，如醫學之所為，而是處理其自己之為一「實踐的存在」，不，為一政治實踐的存在。所以民主是屬於「人之自覺地決定其方向」這一個原則下的，屬於價值理性之表現的。

但它不同於道德。道德是價值理性直接披露於個人，所謂「德潤身」。民主政體是相應「處理公共事務」而自覺地設立的一個架子。何以要設立這個架子？因為這樣才公道、才合理、才能保住人們的各種自由。這個架子顯然不是自然的現成物，它是需要人的自覺奮鬥才能出現的。所以它是人的「自覺設立」是無疑的。人間不能不有「公共事務」這個領域。處理這公共事務的人自身有德有才有能是一回事，安排一個架子，讓他在這裡守著架子所定的軌道以表現其德才能，又是一回事。道德是價值理性直接披露於個人，民主政體之出現是價值理性之間接的表現，亦即架構的表現，表現而為一架子。這架子不是任何個人身上的屬性，然人們卻要自覺地設立它、維護它，為它而奮鬥。

必須記住：民主政體是價值理性之架構的表現。人為此奮鬥，亦必須具有「理性之架構的表現」這種德性才行。這是說：為民主政體奮鬥的人，他不必定要取得行政權，即取

得之，他自己亦必須自覺地遵守這個政體所定的軌道。如此，方可說這個人具有「理性之架構表現」之德性。具有這種德性之人，名曰政治家或政治思想家。在中國，民主政體尚未充分實現，尚在創造之時，更需要有「理性之架構表現」這種意識與德性。在奮鬥過程中嚷民主，既得權位，卻不遵守民主政體所定的軌道，此種人即不具備此種意識與德性。因此亦不得名曰政治家。依中國的慣例說，此種人名曰權奸。譬如民初的袁世凱。

　　革命家是價值理性之衝破的表現，不是架構的表現。如果因衝破的行動而取得政權，遂終身據有之，且傳之於子孫，則其理性即轉為非理性。依此，君主專制政體（所謂家天下）是「非理性的」。君主專制政體不是理性之架構表現。因為最高領導原則是「力」，不是理。這個首出庶物之最高的源頭處是「非理性的」。這裡觸不得，亦不許人過問，人的價值意識不能向這裡貫注。人的意識只能順這個力向下向外看，不能返而向這個「力」本身看。只能順這個力向下向外看，便是吾常說的「只有治道，而無政道，只有吏治，而無政治」。所以中國以前理性之架構表現是只在治道上，而不在政道上。在治道上之架構表現，便是中國以前關於「宰相之德與體」的觀念所表示的，宰相之德與體上之架構表現是被動的，沒有獨立性，因為這個架構表現並沒有揚眉吐氣完全透出來，即並不是最高的。而最高的權源，則是非理性的。以前儒家對於這個「非理性的」，也想叫它理性化。但始終沒有從架構表現上立出一個政道以客觀化之，而只是想從德性上叫皇帝

盡君道。因此，君主專制政體亦得名曰聖君賢相政體。到此可以看出，理性只剩下「運用的表現」，而不顯「架構的表現」，連宰相上那點架構的表現亦被運用的表現所涵蓋所吞沒。此種運用的表現，運用得好（或從好處說），真能符合於聖賢二字之義，而在此德化的陶養下，人民的生活情調亦真能如情如理，即本文首段所說之「很合情理」。這裡有許多好處可說，亦有許多壞處可說。讀者只要看看唐君毅先生《中國文化之精神價值》一書末後幾章即可明白。本文對此不想多說。但自政治上言之，這種理性化究竟太弱。所以從「運用的表現」透現「架構的表現」，是價值理性實現上之必須有的一步，也是政治形態上之必然無疑的一種進步。所謂透現架構表現立出一個政道，就是要返而向那個「非理性的」力本身看，不能只順那個力向下向外看。意識要貫注到這不可觸之最高源頭處，作一個架構的表現，不能只是道德的表現。理解了意識向「力」本身貫注，即可理解民主政體何以是理性之架構表現，亦可以理解以前儒家雖未作到這步架構的表現，然他決不與這個表現相衝突相妨礙。因為儒者亦正是向這個「力」處用心。不過其形態較弱而已。此如最近徐復觀先生在《民主評論》六卷十二期上所講的修己治人之道之不同。這是以前儒家的一個普遍意識。不過沒有以政治法律的形態來制度化而已。而民主政體之為「理性之架構表現」正是這種意識、傾向、規模之制度化。孔孟程朱陸王復生，為何不歡喜讚嘆？

　　當然這種架構表現使民主政體出現，是不容易的。你只

看需要流血鬥爭而得之，便可知其不易。得之行之難，知之亦難，因為無論是得之、行之或知之，俱需要有一種「理性之架構表現」的意識來支持。而廣泛言之，中國人即不甚擅長此種「理性之架構表現」。架構表現有各方面的成就。本文當然是只就民主政體言。廣泛言之，這種精神過強、過普遍，亦不是無弊無病。但「當其分」而用之，則為必須。在科學知識上，在民主政體上，都是恰當其分的地方。就恰當其分的地方而言，中國人即常不擅長。是以不但由流血鬥爭而知其難，即就不擅長此種架構表現言，亦足見得之行之知之之不易。順以前宰相之德與體的那點架構精神，即通常所謂識大體的精神，就比較容易向這裡轉進，亦容易使我們向這裡了解。但是相應民主政體的架構精神是近代化的，而由此架構精神所確定的「識大體」亦是近代化的。這裡有一種精神內容，不是「時式」。所以需要很大的「作意」與困勉以赴之。要常常提撕警覺而不墜落，要它在生命中生根。如是，方能說創造這體制，維護這體制。

　　假定我們不具備這種近代化的架構精神以及此中識大體的精神，而只是被動地在感受上嚷自由民主，則於民主政體的成立以及其充分實現，常無積極的助益。當然從自由民主上說，「感受」是很重要的。因為有壓迫，有極權，才有感受；有感受，才有要求自由民主的呼聲。所以這種感受決不容忽視。但只是這種感受的要求，而無「理性之架構表現」的意識來支持，則常徒然無用。任何一件事之完成，都須從被動的感受引起，轉到主動的精神才行。沒有架構表現的意識，而只從感受上嚷，此亦為價值理性在自由民主方面之直

接表現。

　　假若脫離民主政體之創造與維護而只退處於社會生活上嚷自由民主，此種個人主義名流式的自由主義亦為價值理性之直接表現，而於民主政體之創造與維護，亦常無積極的助益。因為極權專制不必只是共黨型，有種種型可以讓你有似是而非的自由。自古權奸名流相玩以處，而敗壞風俗人心者，彰彰在目。此熊先生之所以常痛恨於奸雄與名士也。（謂：政治壞於奸雄，學術壞於名士。）

　　面對共黨之極權奴化，大陸變色，人人皆有自由民主之迫切要求。但是為自由民主而奮鬥的人，當該常常要反省到自己是否具備這種架構表現的精神。我知道民主自由之獲得是需要流血鬥爭的，尤其對於共黨，非用力量不可。但是自己若不先具備這種架構表現的精神，則自己的生命即不算有途徑，亦必削弱反共的力量，即勝利矣，亦必仍然一團糟。中國終當走上一條坦途，不能永遠在激盪歧出中顛倒。當政者須謀國以忠，即不在其位之政治家思想家，發為言論，其用心與識量亦須謀國以忠。我個人微不足道。但五六年來吾人為使中國走上一條坦途，際此遭逢大難徹底反省之時，乃深入於中西文化命脈之疏導，以見西方何以出現科學與民主，中國何以不出現而有今日之劫運，決然不走五四運動時之途徑，但相應民主政體之充分實現而期為新時代來臨備一洽浹周匝之文化背景。其辭遠，其言迂。然謂不當如此用心，則亦淺視時代之嚴重。怨天尤人，不如下學上達；臨淵羨魚，不如退而結網。此之謂尊理性。

四十三年《祖國》週刊

略論道統、學統、政統

　　貫之吾兄：兩示均奉悉。《人生》第一五八期，亦於今日
收到。仁厚同學及兄文與彼商量學統政統函，亦同閱到。仁
厚所述，大體本弟意撰成。雖不甚差，亦誠如彼言「簡略而
不周洽」，亦有不妥當處。三統之說，乃弟就中國文化生命之
發展並關聯著今日時代之癥結而開出。詳述原委，俱見拙作
《歷史哲學》，以及〈政道與治道〉、〈理性之架構表現與運用
表現〉諸文（今按，此二文已編入《政道與治道》一書）。此
是就客觀的歷史文化之發展與時代癥結之問題作一義理上的
疏導與解答，非就過往史實陳跡「隨機」說，亦非就當今特
殊事件作「作用」說。故多顯得曲折而抽象。然吾人今日實
屆徹底反省之時，此步工作亦不可少。說中國只有道統而無
學統，此「學統」一名之提出，實為解答科學一問題而提出。
說中國本有學統，這當然是真的。但為的彰顯科學之為學的
意義以及其基本精神，遂把「學」之一詞限在科學一面，即

「知識之學」；而中國本有之學的意義以及其基本精神則限於
「道」一面，亦即「德性之學」。如在科學一面說學統，則在
「德性之學」一面自可說道統。此只是名詞意義之限定，只
要聲明一句就夠了。本不至起誤會。這樣分限一下，說「中
國只有道統而無學統」，當然可以。其事實就是沒有發展出科
學。但科學亦是一種學，它有其本性與基本精神，而且源遠
流長。它亦不能充當或代替德性之學。以學統名之，所以使
人正視其本性與基本精神，亦所以限定其分位與層序，且所
以彰「德性之學」之特殊也。故此若名曰學統，則中國「德
性之學」之傳統即名曰「道統」（西方道統在基督教）。此只
是名詞的分限。如離開此問題而泛言「學」，則雖是「道」是
「教」，亦可言「學」。如弟此處即言「德性之學」。佛教亦可
言佛學，儒教亦可言儒學。而宋明理學，乃至「心性之學」，
亦皆可言學。如就適所限定之「學統」一名言，則中國亦本
有學統之端緒，即羲和之官是。羲和傳統是中國的學統，古
天文律曆數賅而存焉。然只停在原始形態（感覺的、實用
的），未能發展至「學之形成」的境地。此即未發展至科學形
態也。從認識主體方面說，即「智」未發展至足以成「知識
之學」之「知性形態」也。而希臘精神則先脫離那原始形態，
而向「學之形成」一路走，雖云科學是近代的事，然希臘精
神要已具備「學之形成」之重要的一面，則是人所共認者。
科學是希臘為學精神所演變出的，故名希臘精神傳統曰「學
統」。科學非一旦偶然出現者，乃源遠流長，演續而來，故就
其為學，而曰「學統」。統者貫穿承續義，故曰垂統，亦曰統

像是外在的，然若深一層看，內在於自己文化生命而觀之，則是內在的：文化生命開展之必然要求，心靈開展之必然要求。此內在地迫使著要孳生出「知識之學」來，是自己文化生命發展中固有之本分事，不是西化。此「學統」一名之所以立。至於停在君主專制形態中，並不表示就是漆黑一團，亦不表示在那形態下的政治皆無合理的安排與合理的措施，亦不表示無好皇帝，無好宰相。這是根本處屬於政體的政治形態問題。吾人總不能說君主專制形態與家天下為合理，吾人亦總不能不承認，在君主專制形態下，儒者理想是受委曲的，是不得已而求其次的，是就家天下之曲而求伸的。（關此，徐復觀先生多有切感。又熊先生《原儒》，雖有遷就，亦多駁雜，然大處亦慨乎言之。為爭孔子，雖歷貶群儒而不惜，吾知其心甚苦甚痛，吾書至此，不禁淚下。望兄善讀，並善於抉擇。）吾人於此不必有所顧念與迴護。（當然內在於歷史串中述史實，則是另一事，而從貴族制進至專制制亦是進一步，則亦是另一事。）本此認識以逼出民主政體建國之大業，乃是華族自盡其性之本分，不是西化。此即「政統」一詞之所以立。民主政體與科學是共法，不是西方所獨有，雖然從他們那裡先表現出來。弟這樣疏導是大開大合。大開是撐開那以往的「構造的綜合」與「曲折的持續」而提煉凝聚那根源的文化生命，此即「道統」之所在。凡由此「根源的文化生命」（即根源的心靈表現之方向）所演生的事象，無論是在構造中的或是在曲折中的，都已成陳跡，讓它過去。然而那根源的文化生命則並不過去，亙萬古而長存。你說既沒有科

學與民主，便是一無所有，那虛玄的空洞的「根源的文化生
命」有何用呢？又算是什麼呢？若是「一無所有」，便讓它
「一無所有」吧！可是那虛玄的空洞的「根源的文化生命」
卻正是創造一切的根源，此即是孔孟的智慧與生命，宋明儒
者的智慧與生命。弟以為把這點能提煉凝聚得住就行了。此
之謂「大開」；在大開中立大信。由此根源的文化生命來孳生
出「知識之學」，來創造出「民主政體」，此之謂「大合」；在
大合中興大用。科學與民主不是一個現成的東西可以拿來的，
乃是要在自己的生命中生出來的。這是要展開自己之心靈的，
要多開出心靈之角度與方向的。孔孟與宋明儒者所開之心靈
是就德性人格而言的，是就成聖成賢而言的。此是本源形態。
然心靈不只是此一形態與角度，沒有理由只把心靈限制到這
裡來。建國創制是心靈的表現 （即黑格爾所謂客觀精神），
「知識之學」之形成亦是心靈的表現（即所謂知性形態）。這
兩種心靈的表現，沒有理由說它與那本源形態相衝突而不相
容。即孔孟程朱陸王復生於今日，亦不會說它們相衝突而不
相容。（關此，弟在〈理性之架構表現與運用表現〉，〈自由與
理想〉，〈政道與治道〉，乃至〈王陽明致良知教〉中，都有說
明或涉及。所謂「智暫脫離仁」，與兄所謂「仁不可須臾離」，
實不至生問題。弟那些說法是套在一個義理疏導的全系統中
說的，不可從表面直接反應。仁厚尋章摘句，是以弟文為根
據，而未加解析與注明，亦是他的信賴心。然天下不皆曾讀
拙文者。知者知其據弟文陳述，不知者則生疑矣。）

　　凡論文化，有是欣賞之態度，如胡蘭成先生之《山河歲

月》。有是客觀同情的了解而就各方面亟發其蘊，如唐君毅先生之《中國文化之精神價值》。（即如此，而此書於後幾章言中國文化之改造，亦提出十字架形的撐開，否則由圓而縮至點，歸於無矣。弟之思路，三統之說，亦在展示而完成此義。）有是隨機隨時即事說，有是作用說，有是感情維護說，有是感情排斥說。而弟則是就文化生命發展之大動脈，關聯著時代之癥結，未來之途徑，予以理義骨幹之疏導。這是客觀的，負責的，積極的，沒有私情，沒有作用，既不躲閃，亦無忌諱。吾人不反對提倡科學，只反對以科學之「知識之學」為唯一之學，為唯一之真理之標準，此即所謂「科學一層論」。（用在中國文化上，從業績上說沒有科學與民主便一無所有，這也可以，但不應把「德性之學」也否定，把「根源的文化生命」也抹殺。）吾人更不反對自由民主，只反對空頭泛講的自由民主，反對那「反對通著文化生命以講自由民主」。誠如唐先生所說，吾人只反「反」。科學一層論者，泛科學主義者，是無德性的人；不准通文化生命講自由民主的人，是吃現成的人。此輩狂妄無知，根本不足道。其蓄意菲薄只是狂吠，只示其卑賤。何足顧及？

　　吾兄若問科學與民主既是共法，是每一文化生命發展中之本分事，然則西方文化之獨特處而成其為西方者，當從何處說？不就科學與民主而言中西文化，然則中西文化之相融相即而又不失其自性者，當就何處說？曰：西方文化之獨特處而成其為西方者，扼要言之，當就基督教說。西化不西化，亦當從這裡說。中西文化之相融相即而又不失其自性者，亦

當就中西各自的「道統」說。吾人不反對基督教，亦知信仰自由之可貴，但吾人不希望一個真正的中國人，真正替中國作主的炎黃子孫相信基督教。傳教者每以「宗教為普世的」為言，然須知宗教雖是最普遍的，亦是最特殊的。上帝當然是最普世的，並不是這個民族那個民族的上帝（猶太人獨佔上帝是其自私）。然表現上帝而為宗教生活則是最特殊的（上帝本身並不是宗教）。孔子講「仁」當然不只對中國人講，仁道是最普遍的。然表現仁道而為孔子的「仁教」則有其文化生命上的特殊性。（至於各個人表現仁道則更是最特殊的，個個不同。）因為無論宗教或仁教，皆是自內在的靈魂深處而發。各個人之宗教生活或仁教生活是最內在的，而一個民族之相信宗教或相信仁教亦是源於其最內在的靈魂。這裡既有普遍性，亦有特殊性，其普遍性是具體的普遍性，其特殊性是浸潤之以普遍性的特殊性。故吾人不能抽象地只認普遍性一面，（如是，便是抽象的普遍性，而不是真正宗教之具體的普遍性。）而謂中國為何不可耶教化。一個人當然有其信仰自由。但是一個有文化生命的民族，不顧其文化生命，而只從信仰自由上信耶教，其信亦只是情識地信。一個民族，如無其最原初的最根源的文化生命則已，如其有之，便應當直下就此而立其自己之大信。（西方羅馬帝國崩潰後，北方諾曼民族湧出來，以接受耶教表現其原初的內在靈魂。）這裡因為有普遍性，故可以相即相融而不相礙，亦因為有特殊性，故應各自立信，不捨自性，以保持各民族文化生命之創造與發展。吾人固不願耶教化，同樣亦不希望西方耶教民族必放

棄其所信而信仰孔教。但可以相融相即以各充實改進其自己。弟以為居今日而言中西文化之同異以及相融相即而不失自性，當推至此層說。不應落於科學與民主處說。此是文化之普遍性與特殊性問題。弟將專文詳論之。茲略提及，雖不能盡，想兄已洞見之矣。

　　吾兄謙懷懇篤，惓惓不忘師友之相督責，凡心所不安，有所疑難，每以流於情識為懼。此種心情，至為可貴。任何人不敢自謂能免於情識。然能反證此戒懼之心而生明，則即可漸免於情識而不溺。依釋迦說法，緣無明有行，緣行有識，緣識有名色等等，是則識即是隨生命之無明盲動而起之印執了別。簡括言之，實即心陷於無明盲動之紛馳中而隨其紛馳、起伏、流轉以印執，即為識。隨其紛馳起伏流轉以印執而有喜怒愛憎憂患恐懼，即曰情識。依此推之，凡有意見，陷於膠著，不能順理以暢通，即為情識。即如此文化問題，隨順世俗名言、愛憎，而多顧忌，不能正視問題，鞭辟入裡，以開文化生命之途徑，而只渾淪含糊以停滯，遂使其所肯認之中國文化亦只成渾淪含糊之一堆，只成為迴護之對象，而無可動轉之以暢通其生命，此亦是陷於情識之膠著。弟覺三四十年來，凡維護中國文化者，皆步步落後著，並不明其所以，只是一膠著之情。一落實際，便全無途徑，只說些空泛話。只在對遮而顯其維護之情。維護之情越膠著，則反動者即起而一筆抹殺之。反之，詆毀中國文化者愈趨於一筆抹殺，假定此為主動，則維護之情即為反動，亦愈膠著。膠著之情總落後著。作文言文者，即以其所愛之文言文而維護中國文化；

善書畫者，即以其所欣賞之文房四寶而維護中國文化；玩古董者，即以其所玩之古董而維護中國文化；貪官汙吏，武夫悍將，居權位而恐人作亂，亦講道德仁義而維護中國文化。此皆情識之維護，此維護中國文化者之所以惹人生厭，馴致遂以言中國文化為忌諱也。而狂悖之徒即愈逞其兇悍，而肆無忌憚矣。故今日而言中國文化，一不可落於三家村氣，二不可落於文人氣，三不可落於清客幕僚氣。直下對孔孟之文化生命負責，對創制建國負責，不迴護，無禁忌，有認其有，無認其無，坦然明白，爭取主動，反反以制狂悖。孟子曰：「藥不瞑眩，其疾不瘳。」此超拔於「情識」之道也。吾兄如此自察，則無疑於三統之立矣。言之不盡，惟望契於言外。

四十六年六月五日《人生》雜誌

人文主義與宗教

　　貫之先生惠鑒：大示拜悉。人文友會定期與諸子講習，亦無甚高深學理。主要目的，只在疏導時代學風時風病痛之所在，以及造成苦難癥結之所在。如此疏導，點出主要脈絡，使人由此悟入，接近積極健全之義理，重開價值之門，重建人文世界。此或可有助於人心醒轉。講詞多簡陋，辭不能備，意不能盡。蒙貴刊長留篇幅，為之刊載，甚感甚謝。

　　承寄謝扶雅先生《中國民族信仰問題》，並屬參看《人生》第一百期謝先生〈人生與人文〉一文。茲取而合併觀之，兩文主要論點大略相同。因謝先生之文，引起先生之惑：一，人文主義能否成為宗教？二，中國文化能否發展成為高級宗教？茲事體大，自非議論所能測度，亦非思想系統所能決定。關於道德宗教之體驗，並世唯唐君毅先生為精湛，在西方吾唯推尊丹麥哲人契爾克伽德為獨到。弟粗陋，不足以語此。然蒙先生不棄，亦有大略可得而言者。

　　人文主義不能充作宗教。主義只可言之於政治、經濟以及道德、藝術。信仰之對象只是神聖和完全，更無主義可說。謝扶雅先生之言是也。然人文主義是人文主義，孔子人文教是人文教。兩者不可混同，世固有以為「凡有信仰即是宗教」，如信仰某某主義，某某主義即是其人之宗教。此說自不可通，亦甚不足道。宗教信仰之對象，只是神聖和完全，此言自不誤。主義只是對於某方面或某問題思想上或說明上之進路、態度或立場。如西方哲學上之唯心論足以說明並肯定道德宗教。凡想積極說明並肯定道德宗教者，總於哲學上採取唯心論之立場。然唯心論並非宗教，世並無以唯心論作宗教或代替宗教者。亦猶之唯心論並非道德，世並無以唯心論作道德或代替道德者。如有之，此人必不解哲學之唯心論，亦必不解道德與宗教。人文主義與人文教之關係亦復如此。人文主義只是說明孔子人文教之思想上的立場，進路或態度。非以人文主義為宗教也。

　　凡可以成教而為人人所接受而不能悖者，必非某某主義與理論（學說，theory），亦必足以為日常生活之軌道，由之以印證並肯定一真美善之「神性之實」，即印證並肯定一使人向上而不陷溺之「價值之源」。非某某主義與理論，此言其普遍性與定然性。即就人文教而言之，儒家所肯定而護持之人性、人道、人倫，並非一主義與理論。此是一定然之事實。即就其為定然之事實而言其普遍性與定然性。言其足以為日常生活之軌道云云，此明其與為政治生活之軌道之民主政治不同。此兩者互不相礙，互不相代。民主政治，吾人亦可認

其有普遍性與定然性，並非一主義與理論，然此並不可視為
宗教，世無以民主政治為宗教者。故只認政治生活軌道之民
主政治而不認日常生活軌道之道德宗教（廣泛言之可先只說
「教」），誤也。同時，言其足以為日常生活之軌道云云，亦
明其與科學不同。科學，吾人亦可認其有普遍被承認之定然
性，並非一主義與理論（此比民主政治尤顯，於民主政治處
或可有爭辯，但實亦不可爭辯，思之便知），然科學並不可為
宗教。科學只代表知識，並不代表作為日常生活軌道之道德
宗教。此兩者亦互不相代，互不相礙（當然相補，此不待
言）。故只認科學而抹殺作為日常生活軌道之道德宗教者
妄也。

　　儒家所肯定之人倫（倫常），雖是定然的，不是一主義或
理論，然徒此現實生活中之人倫並不足以成宗教。必其不捨
離人倫而即經由人倫以印證並肯定一真美善之「神性之實」
或「價值之源」，即一普遍的道德實體，而後可以成為宗教。
此普遍的道德實體，吾人不說為「出世間法」，而只說為超越
實體。然亦超越亦內在，並不隔離，亦內在亦外在，亦並不
隔離。若謂中國文化生命，儒家所承繼而發展者，只是俗世
（世間）之倫常道德，而並無其超越一面，並無一超越的道
德精神實體之肯定，神性之實，價值之源之肯定，則即不成
其為文化生命，中華民族即不成一有文化生命之民族。此上
溯堯舜周孔，下開宋明儒者，若平心睜眼觀之，有誰敢如此
說，肯如此做，而忍如此說？佛弟子根據其出世間法而如此
低抑儒家，基督徒根據其超越而外在之上帝亦如此低抑儒家。

忠於其所信，維護其所信，此乃善事，然不必閉眼貶損自己
所屬之民族之文化生命。如此貶損，豈可謂平情之論？豈可
謂正視族國艱難民生疾苦者所應有？（去年于斌主教在臺，基
於反共之立場，勸人多宣揚中國文化，多講儒教。然某次聚
談，仍謂從世間方面說，儒家很好，至於超性方面則不夠，
最後仍當歸宗於耶。吾當時即明其認識不足。于斌先生尚能
平心，虛心以聽。吾以為此甚可貴。）

　　儒家所透徹而肯定之超越而普遍之道德精神實體，決不
能轉成基督教所祈禱崇拜之人格之神，即基督教方式下之神
（上帝、天主），因此儒教之為教亦決不能成為基督教之方
式。此基本密義若能透徹，立見佛教之有不能令人滿足處，
基督教之有不能令人滿足處。（雖然彼皆可各自成一高級之宗
教，有其貢獻於人類。）亦可見中國文化生命有其獨立之價
值，其所表現之形態有其獨立之意義。即依此而言儒家為人
文教，中國的文化生命為人文教的文化生命。人文教非言只
崇拜或限於世間生活中之倫常與禮文也。如此割截局限，何
足成教？亦何足成一文化生命！若謂基督教只是祈禱作禮拜
以及婚喪之禮，可乎！凡道德宗教足以為一民族立國之本，
必有其兩面：一足以為日常生活軌道（所謂道揆法守），二足
以提撕精神，啟發靈感，此即足以為創造文化之文化生命。
是故基督教雖不只祈禱、禮拜，以及婚喪之禮，然亦必憑藉
其特殊方式之祈禱、禮拜，以及婚喪之禮，以成風俗，以為
國本。儒家之倫常禮文亦然。此即其日常生活之軌道一面，
而其所透徹而肯定之超越而普遍之道德精神實體，則正代表

提撕精神，啟發靈感之文化生命一面。而中國文化生命所凝聚成之倫常禮文與其超越而普遍之道德精神實體尤具圓滿之諧和性與親和性，不似西方之隔離，《莊子・天下》篇所謂「明于本數，係于末度」，以及「其于本也，宏大而辟，深閎而肆。其于宗也，可謂調適而上遂矣」諸語，可為中國文化生命之寫真。

儒家教義即依據此兩面之圓滿諧和形態而得成為人文教。凡不具備此圓滿諧和形態者，吾皆認之為離教：或耶或佛。假若真透徹此兩面所成之圓滿諧和形態，則於人文教中之祭天祭祖祭聖賢，何得云：只是自盡其心，自文其飾，乃至云：無賓作揖，無魚下網？此三祭中之盡心致誠，乃孟子「盡心知性知天」中之盡，決非齊宣王所謂寡人之於民也，盡心焉而已之「盡」。齊宣王之「盡」實並未致其誠也，是以並未盡也。虛應故事而已。三祭中之天、祖、聖賢，皆因超越而普遍之道德精神實體而得實，而得其客觀存在性。在圓滿諧和形態下之祭祀崇敬，主客、內外、本末混融而為一，形成一超對立之客觀與絕對。

人文教之所以為教，落下來為日常生活之軌道，提上去肯定一超越而普遍之道德精神實體。此實體通過祭天祭祖祭聖賢而成為一有宗教意義之「神性之實」，「價值之源」。基督教中之上帝，因耶穌一項而成為一崇拜之對象，故與人文世界為隔；而人文教中之實體，則因天、祖、聖賢三項所成之整個系統而成為一有宗教意義之崇敬對象，故與人文世界不隔：此其所以為人文教也，如何不可成一高級圓滿之宗教？

唯此所謂宗教不是西方傳統中所意謂之宗教 (religion) 而已。
豈必一言宗教即為西方傳統中之形態耶？中國傳統中固已有
其對於宗教之意謂。中國以前有儒釋道三教，而且在此傳統
中，宗與教是兩詞：依宗起教，以教定宗。故常只說三教，
不說三個宗教，而此三教實無一是西方傳統中所意謂之「宗
教」。吾人即依中國傳統中所說三教，而欲使儒教成為人
文教。

　　不喜宗教者，因儒家並未成為西方意義之宗教而欣然，
且欲並為教之意義而忽之，故述古，則謂其只是諸子百家之
一，據今，則欲只作哲學或學說看。實則此並不通。其未成
為西方意義之宗教是也，然其為教而足以為日常生活之軌道，
並足以提高精神，啟發靈感，而為文化生命之動力，則決不
可泯。蔡元培先生欲以美術代宗教，誤也。無論西方意義之
「宗教」或中國意義之「宗教」，皆不可以美術代。謝扶雅先
生謂蔡氏之意正合孔子之意，亦誤。儒家之教自含有最高之
藝術境界。然藝術境界與蔡氏所說之美術不同。凡宗教皆含
有最高之藝術境界，然宗教究不可以美術代。宗教中之藝術
境界只表示全體放下之諧和與禪悅。質實言之，只表示由「意
志之否定」而來之忘我之諧和與禪悅。故孔子曰「成于樂」，
成於樂即宗教中之藝術境界。試看〈樂記〉中對於樂之境界
之闡明，皆當視為儒教中之藝術境界，而非可視為美術也，
美術何足以代宗教？美術自是美術，教自是教。蔡氏之言，
根本反宗教，亦根本反儒家之為教。彼固不明「宗、教」或
「宗教」的意義與職責。吾人處今日，單據日常生活之軌道

與提撕精神啟發靈感兩義，而謂於科學與民主以外，有肯定並成立人文教之必要。若推廣言之，為任何國家著想，皆當於科學與民主以外，有肯定「宗、教」或「宗教」之必要。否則一民族決無立國之本，亦決無文化生命之可言。

　　基督教決不能傳至中國而為中國文化生命之動力。謝扶雅先生謂基督教入中國機會太壞，緣份太差。此決不只是機會問題，緣份問題。洪秀全、帝國主義、商人、大炮等等障礙，只是表面。基本關鍵是在文化生命之形態不同。基督教若接不上中國之文化生命，決進不來。自利馬竇以來，直至今日，已有五六百年。試想基督教傳教者幾曾能接上中國之文化生命？若孤離言之，一個人受洗，祈禱，作禮拜，唱聖詩，凡此諸種，皆是外部之事件，皆可為之。然此決不相干。接不上中國之文化生命，決不能進來作為中國文化生命之動力。而若接上中國之文化生命，則基督教決必改其形態。

　　基督教之為宗教決非已臻盡美盡善之境地。自其歷史而言之，中世紀之形態固有病，近代之形態尤有病。自其本質而言之，其形態亦非發展至盡美盡善者。此中根本關鍵，唯在其神學之未能如理而建立。中世紀之神學乃照希臘哲學為根據而建立者。而希臘哲學卻根本與耶穌之精神相隔相違而不相即。是即不啻耶穌之精神與生命根本無學問以明之。中世紀之神學根本不能擔負此責任。於此，吾希望基督教中高明之士，能虛心以觀佛教中之「轉識成智」以及宋明儒之「心性之學」（以哲學玄談視宋明理學全錯）。基督教根本缺乏此一學問。其未能至盡美盡善之境，關鍵全在此。中世紀之神

學不能說明耶穌之精神與生命,然心性之學卻能之。縱使以人格之神為信仰之對象,然若有心性之學以通之,則其信必更能明徹健全而不搖動。如此方可說自拔於陷溺,騰躍而向上,有真的自尊與自信。否則自家生命空虛混沌,全靠情感之傾注於神而騰躍,則無源之水,腳不貼地,其跌落亦必隨之。此若自儒佛言之,全為情識之激盪,頭出頭沒之起滅。在激盪中,固可有粗躁之力,然謂能超拔於陷溺,則迥乎其遠矣。此徵之西方人之生活情調以及其歷史文化之急轉性與戲劇性,則知吾之所言決非苛責。此亦當平情自反也。(常聞人言,巴黎汙濁罪惡之場旁邊即是教堂。在罪惡場犯罪,到教堂去痛哭。痛哭一場,人天爽然。回來再犯罪。此只是情識之波蕩,何足以語於超拔。超拔談何容易哉?)

　　吾人肯定人文教,並非欲於此世中增加一宗教,與既成宗教爭短長。乃只面對國家之艱難,生民之疾苦,欲為國家立根本。中國現在一無所有。自鴉片戰爭以來,即開始被敲打。直至今日之共黨,以其唯物論,遂成徹底之毀滅。四千年累積之業績與建構、一切皆剷平。吾人坦然承認並接受此一無所有。惟一無所有,始能撥雲霧而見青天,而吾華族之文化生命倒反因而更純淨而透體呈露矣。此亦如宗教所言,惟放棄一切,始能皈依上帝,惟全體放下,始能真體呈露。業績倒塌,而文化生命栩栩欲活。吾人現在一無業績可恃,一無業績可看。惟正視此文化生命而已耳。吾人亦正視西方所首先出現之科學與民主,吾人亦正視其作為文化生命之基督教。然吾人所與世人不同而可告無愧於自黃帝以來之列祖

儒教、耶教與中西文化

貫之吾兄大鑒：賜教並轉示謝扶雅先生函，均敬悉。關於謝先生函，弟意如下：

一、謝先生謂：「牟先生過去似在闡明儒家思想中亦有科學，亦有民主，諒係出自阿好比附之衷。」弟從未有此闡明，亦從不敢存阿好比附之心。誠如兄示所云：弟一向「只言中國有道統，無學統，有治道，無政道，似未言及儒家思想中有如西方之科學與民主」。不但未言及儒家思想中有，即就整個中國文化言之，亦從未言中國文化在過去有如西方之科學與民主。此若稍讀拙作《歷史哲學》及其他關於此方面之論文者，尤其與兄〈略論道統、學統、政統〉之一文，皆可不至有此隨意之猜想。

二、弟前在《人生》一六〇期曾與兄一長函〈略論道統、學統、政統〉，中言及「吾人不反對基督教，亦知信仰自由之可貴，但吾人不希望一個真正的中國人，真正替中國作主的

炎黃子孫相信基督教」。弟知這幾句話是有刺激性的，有傷中國基督徒之尊嚴。但弟以「不反對基督教」與「信仰自由之可貴」兩端來限制，弟之真誠之意似已明白顯出。這幾句話成為反對者之口實。但依弟觀之，反對者似皆不能就弟之真誠之意而反駁。弟覺似皆無充沛之衷氣，與正大之理由。以前有人拿孫中山先生與蔣總統之信仰基督教來杜弟的口，弟亦只好無言。現在謝先生復以弟是山東人以為解，弟覺這也只是笑話。其實乾脆說「信仰自由」就夠了，不必多有曲折。依現在的政治思想，一個人有權利自由退出其國籍，而何況是信仰？弟以為，凡關於此類問題，是要訴諸個人之責任感的，是自由權利以外的話。故有「作主」、「希望」等字樣。（宗教有普遍性，亦有特殊性，不能僅拿普世以為解。弟在〈略論道統、學統、政統〉一文中已詳言之。人不思耳。）

　　三、謝先生說：「至于基督教之一神論及神人之親切關係，以及大宇宙精神之呼召，我對神聖使命之獻身，均比儒教為真摯而熱烈」云云，此自是基督教以神為中心，以格位方式表現道之一特殊形態。儒教中心與重心落在「如何體現天道」上，其真摯與熱烈並不亞於基督教。關此兩形態，弟自信在第二二九期〈作為宗教的儒教〉一文中，已表示得很清楚。基督教自有其精采，弟一向極其欣賞而尊重。但願雙方各能虛心正視對方當體之本義及其特殊形態之何所是，以期「相即相融而不失其自性」。（〈略論道統、學統、政統〉文中屢說之語。）但一般人對於儒教，以其宗教之偏心，或因對於中國文化之憎惡，卻常是浮皮搔癢，不中肯要，或故意

貶視，輕描淡寫，淺嘗輒止，而不肯深入。弟自信〈作為宗教的儒教〉一文中，並無誇大比附處。弟常言，基督教重客觀性，東方宗教重主觀性，而於重主觀性中，儒教中心落在「如何體現天道」上，尤能達主觀與客觀性之統一。關於此點，該文中並未詳講。但虛心平心的讀者自能鑒及。

　　四、「衝天勁不足」一語，是意引。經兄查出是「衝力不足」。這是弟對不起謝先生的地方。但「衝力」與「衝天勁」意不相違。依弟該文的解釋，儒教的中心落在「如何體現天道」上，橫說層層擴大，與天地萬物為一體，豎說以無限歷程的盡心盡性上達天德。衝力或衝天勁正是十分充足的。故該文有「無限的莊嚴、嚴肅與緊張藏在裡面」等語。何得以世俗一般人之「慢吞吞」與「馬馬虎虎」來牽連及儒教之本質？當年尼采罵基督教為奴隸的道德，卻反引孟子的話以表示「天行昂揚」之德。尼采之罵固無是處，然其反引，卻值得思量。此見張丕介先生所譯德人某解析尼采思想一文，載於《學原》某期，已不記。又「宗教是以無限的熱情欣趣道福」，正是契爾克伽德 (Kierkegaard) 的話。而契氏則是公認為真能體會宗教本質的基督教信仰者。因契氏明說：「不敢自居為基督徒，只想如何成為基督徒。」而「如何成為」的過程是無限的。因契氏重主觀性（雖然尚不是儒教中正面的真實的主觀性），故有此深刻之精義，有此無窮的上升之辯證歷程。若言衝勁或緊張，正當繫此而言之。此是「衝勁」之勝義。若一般基督徒只知祈禱與信仰，則其衝勁正是上下跌宕之激情。此是「衝勁」之劣義。基督教因以神為中心，重客

觀性，開不出正面的真實的主觀性，（雖有契氏之重主觀性，但他的主觀性只是負面的、感受的、流逝的主觀性，而不是正面的、實體的，因而亦尚不能至真實的主觀性。）故在基督教下衝力之足，常不免落於激情。故弟以同情心，即言基督教，亦不願以寡頭無原則以冒之的「衝力」作為西方宗教之本質。基督教正是以靈魂得救與消除罪惡為其本質。此是傳道者所天天講說的。但因不重主觀性，開不出正面的真實的主觀性，並不真能照察出什麼是罪惡（罪惡之具體意義），而期從根上消除之。（讀者勿隨便輕視慎獨、誠意、明明德、致良知、涵養察識，這些如何體現天道上的工夫語。）所以基督教之表現上帝的意旨，常移向客觀方面，在政治社會上，表現而為義道（正義公平），在階級對抗方式下表現公平。此如謝先生所說「平等、自由、博愛三原則，實為基督教直接促成西方近代文明」。關此，弟無異辭。此亦即弟該文中所說宗教在文化方面的作用。然在客觀方面雖有成就，而在靈魂得救消除罪惡之主觀方面，則常無真切的表現，因主觀性原則不足故也。而此方面卻為宗教當體之本質。至於謝先生所說「基督教與現代科學合軌」，以亞歷山大之「時空與神」及摩根之「突創進化論」為例，而認為可作基督教之新神學讀，弟則以為宗教與科學離開一點倒好。不獨亞歷山大與摩根，即愛丁頓與懷悌海，這些科學的哲學家，都可有一套自然哲學的宇宙論。這不過是多方引合上帝，要與神學之本質無關。

中國文化自不能無病。故自三十八年來，弟等多於中西文化之疏導效其棉薄之力。所為文字已不少。大體環繞兩中

心而立言：一為科學與民主，二為宗教。看看中國文化何以產生不出科學與民主來，儒教的本質意義何在。看看西方文化的基本心靈何在，基督教的特質何在，其精采在哪裡，其缺陷在哪裡。雖不敢自謂必對，然力求客觀而平情，不敢委曲任何一方面，卻幾為公平的讀者所共許。人不應護短，然亦不應委曲古人。所望於時賢者在能順中西之大流而深入。

四十六年六月《人生》雜誌

關於宗教的態度與立場
——酬答澹思先生

　　《人生》第三〇一期載有拙稿〈宋明儒學綜述〉第三講，這一講是從宋明儒學興起之機緣說起的。其興起之機緣，第一點是唐末五代之「無廉恥」。第二點便是「佛教方面的刺激」。在這第二項下有以下幾句話：

　　　　當時所謂佛教，大抵指禪宗而言。禪宗自唐代六祖慧
　　　　能往下流傳演變，開出了五宗，即五個宗派。五宗均
　　　　頂盛于唐末五代。此時社會大亂，而佛教大盛，可見
　　　　佛教對世道人心並無多大關係，換句話說，佛教對救
　　　　治世道人心的墮落衰敗，簡直是無關宏旨的。宋初儒
　　　　學，就把握這點來闢佛。佛教不能建國治世，不能起
　　　　治國平天下的作用，表示它的核心教義必有所不足。

澹思先生對於這一段話表示不滿，說是：「一為對史實之不符，二為對佛教批評之顢頇。」

我那幾句粗疏鬆弛的敘述，在當時順改記錄原稿時，即覺必致引起疑難。但當時也只是這樣粗疏地順通下去，未及仔細簡別。以為這是一般人所容易感覺到的，或不至有太大的誤會。因為佛教畢竟是以捨離精神為主的。儘管說來說去，可有種種往復，然其基本教義之大方向，不可變也。現在承澹思先生的雅意，提出來予以商榷，我也想藉機表明我的本意，聊作該簡略陳述的附注。首先那幾句話是對應宋明儒興起之機緣而說的（即佛教方面之刺激），目的是在最後一句，即「佛教不能建國治世，不能起治國平天下的作用，表示它的核心教義必有所不足」。「不足」，當然是就宋明儒的立場關聯著建國治世、人倫道德、禮樂教化而說的。若內在於佛教自身，它的教義已經很是自身圓足了。這是那段話的主旨，首先提在這裡。

其次，我說「此時社會大亂，而佛教大盛」。此中說「佛教」顯然是意指禪宗說。因為那段話開頭已表明「當時所謂佛教，大抵指禪宗而言」。而「佛教大盛」一語的直接前文又明是說的五宗頂盛。禪宗雖不能賅盡佛教，然也不能說它不是佛教。前既有禪宗作限，順著用「佛教」一通名，當亦無礙。那麼，「此時社會大亂，而佛教大盛」，當然就是禪宗的佛教大盛。我們不能不承認禪宗是頂盛於唐末五代的，亦不能不承認禪宗是當時天下的顯學（佛家方面），亦不能不承認禪宗在中國佛教中顯赫的地位，以及其在中國知識分子心靈

上所產生的廣大影響。這樣，我那兩句話也不能算是太離格，似乎還不能說它不符歷史事實。但澹思先生卻作了正相反的陳述，說「佛教在唐末五代是最為衰落時期」。說盛說衰，這要看就哪方面說，要看我們的意指在什麼。若就澹思先生所說的「衰落原因有二：一為當時已無通達三藏之佛教大德，一為唐武宗及周世宗之兩度毀佛，幾使佛教已無生存之地」，若以此為準，說這時是佛教的衰落時期，也是可以的。但這個「衰」的意思能夠決定佛教實實是衰嗎？尤其進一步能夠決定禪宗是衰嗎？禪宗卻正是在這個時期興起來的，成為天下之顯學，而且取得了中國佛教中顯赫的地位。我說「盛」，是就禪宗說；澹思先生說「衰」，是就「無通達三藏之佛教大德」說（這一點，若就禪宗精神說是無足輕重的，無此方面的大德也不能掩蓋禪宗的光彩，即有這方面的大德也不必能增益禪宗的光彩），並就環境的壓力說（外在的壓力常不能使一個東西衰，相反的，倒常能使它盛）。這表面相反的兩個陳述能形成必有一真一假的矛盾嗎？所以一定說「言盛」不合史實，「不免過於疏忽」，我看也未見得。（佛弟子中也有看輕禪宗的，以為禪宗正表示佛教之衰。這在某方面也是可容許的一個觀點。澹思先生說到禪宗的處境，如「躲在山林，不開法筵，僅憑教下別傳之無字法門暗演師承」，以及「一般半啞羊的禪宗和尚，除了藉深山遠林以避當時的世亂，他們又哪能有什麼佛法可以傳人」云云，似乎除表示禪宗處境可憐而外，也表露著「禪宗表示佛教之衰」的意思。但這是禪宗的價值問題，這不足以抹殺禪宗在中國佛教中顯赫的地位。

至其處境不好，受壓力，這已如前說。盛，不必像梁武帝時
那樣才算盛。）

再者，說到「佛教對世道人心並無多大關係」，這一句
話，我承認是足以引起疑難的。若把這一句提出來，孤離地
看，不但是足以引起疑難，簡直是不通。因為「世道人心」
是很廣泛很籠統的辭語，任何宗教都是勸人為善，哪能說對
世道人心無關係？我開頭就說，當我順改記錄原稿時，即覺
這段話必要引起疑難，即指這一句說的。若只就這廣泛籠統
的意思責難我，我是無話可說的。但是那段話從這一句起到
最後一句止，只表示這個意思，即：佛教對於時代之汙隆並
無因果關係，這就是說不相干。唐末五代之墮落衰敗並不因
佛教而墮落衰敗，大唐盛世也不因佛教而為盛世。我並沒有
把唐末五代之墮落歸咎於佛教，即沒有表示有這種因果關係。
我只說佛教不能救治這墮落。其所以不能救治，不是因為念
佛的人沒有能力，乃是因為他的心思方向不在此，因為佛教
的本質與這方面不相干，即它（及他）是不負國家政治治平
或衰亂之責的。它所以不負此責是因為它的本質不關涉政治，
不過問政治（這還不只是「不在其位不謀其政」的意義）。因
此，它既不負亂之責，也不負治之責。亂固不能歸咎於它，
治亦不能歸譽於它。此即所謂不相干。故所謂「不能救治」
是「不相干」的不能救治，不是「相干」的不能救治。我的
本意實只是如此。我即在此意下，說「佛教對救治世道人心
無多大關係，無關宏旨」；說「佛教不能建國治世，不能起治
國平天下的作用」。這似乎是一個並不違背常識的說法。我不

是在「肯認其與時代汙隆有因果關係」下而謂其不能救治。若是這樣肯認，則是「相干」的不能救治。若如此，則是違背常識的。我是在「肯認其與時代汙隆不相干無咎無譽」下而謂其不能救治（我相信宋明儒都是這樣看佛教的）。我也不是在「肯認其與時代汙隆有因果關係」下而評估佛教。我認為佛教在此方面無責因而不能救治，並非就無價值。其價值之如何不決定於對國家政治、時代汙隆之有責或無責上，所以亦不必在此方面爭一日之短長。我這意思當然涵著國家政治有其獨立的意義，有其直接相干的根據，而普通所謂宗教亦有其獨立的意義與價值，不必拉在國家政治方面負咎譽之責才有價值。也許我那幾句話沒有表示得好，此其所以為粗疏與鬆弛。但我並沒有把唐末五代之衰敗歸咎於佛教，這卻是顯然的。澹思先生就此發揮，這是因誤會而歧出了。我想世人也很少有謂佛教負歷史興衰之責因而歸咎歸譽於它的。若如此，則是很違背常識的。科學不負殺人之責。世人在此方面發議論者，不是責備科學，乃是責備唯科學主義（科學萬能）。我想世人很少有說科學本身殺人的。若真有如此說者，那是無常識。所以若見有反「唯科學主義」者，而謂其反科學，那不是世人淺近，那是自己太淺視世人了。所以若有就歷史盛衰而涉及佛教者，亦當審思世人在此發議論之問題上的背景與理路及語脈。若於此太匆遽，則不但太淺視世人，亦且有礙於自反。

　　我的本意既只是「佛教對於時代之汙隆並無因果關係」，那麼澹思先生由我之說佛教之「不足」（「不足」意，已明於

上），便想到我之說佛教不足好像近人之打倒孔家店，這卻不免聯想得太快太遠了，亦太傷於匆遽了。不要一聽見人說「不足」，便緊張，如是反過來，非說成什麼都足不可。這好像一聽見人說中國以前沒有科學與民主，便反過來說成什麼都有，這是很不明智的。至於澹思先生後文那些參照儒家方面而發的比論，亦都是由於這太快太遠的聯想而來，大抵是不相干的，也不必多說了。

　　佛教的本質既與國家政治、時代汙隆不相干，而唐末五代之時，其他各方面俱無可言，而惟禪宗興起，一枝獨秀，則觀歷史精神之發展者，即不能不對此一枝獨秀，另眼相看，而認其為此時代之凸出靈魂。此即表示天地之精英聚會於此，民族之靈秀鍾毓於此，此亦「江山代有才人出，各領風騷五百年」之意也。然既與國家政治時代汙隆不相干（不管其退隱山林或進顯廟堂），則隨歷史運會之演進，應運而生之宋儒便首先看準這一點，就當時流行之禪宗鞭辟入裡地見出佛教核心教義之何所是，其基本精神方向之何所在，覺其雖是天地之靈秀，而終無與於國家之治亂，時代之汙隆。於是慧眼獨照，心思豁朗，遂轉而弘揚聖道，闢斥佛老，講一個與國家政治、時代汙隆有責相干之教義。吾以為這乃是當時極順理成章之事。而吾謂其見出佛教核心教義於這方面有不足，此乃吾今日平情之論。蓋他們闢佛老，我並不闢佛老也。（他們認為即此「不相干之不能救治」即是其道之不對。他們相信道是一。我則認為道雖是一，但就實際人生而表現道，可容許有不同方式之表現，與不同角度之觀察與出發。關此，

如想充分說出，則須專論。此不能詳。）

　　如果對這說法仍不滿意，則我希望佛教中的大德們能根據釋迦牟尼佛的基本教義開出國家政治方面的理論與制度，並重新規定出家人對於國家政治方面的確定關係與積極關係，並建立佛教對於國家政治時代汙隆相干有責之關係。這也許是可能的，但這事體太大，我不敢置一辭。至若根據《維摩詰經》及《勝鬘夫人經》等入世出世間之圓融通透，來證明佛教之不脫離現實，則我以為這只是「不毀世間而證菩提」之意，光只是這層意思並不能補救其於國家政治方面之不足，亦不足以否決我那個「佛教對於時代之汙隆並無因果關係」之陳述。當然若大家都一心念佛，六根清淨，娑婆世界變成淨土，則時代豈但是隆盛而已。但這是另一層意思（宗教意義），這並不屬於國家政治方面的意義。當然一個佛教信仰者亦可以出來打天下作皇帝，亦可以修治平之道作宰相，在今日也可以出來競選總統、作行政院長，但這是盡的政治上皇帝、宰相之道，總統、行政院長之道，而不是修證的三法印之佛道。當然你也可以說一切法皆是佛法，但這只表示就一切法上修佛法，一切法不礙菩提道，亦如「行於非道，通達佛道」，這只是菩薩破空入假，道種權智之表現，而數學畢竟是數學，政治畢竟是政治，這並不能從三法印開出來。有人說發明麻藥劑的就是大菩薩，但麻藥究竟屬醫學，而不屬佛學。我們不能從釋迦教訓裡開出醫學來。當然你可以說一切科學家、哲學家、政治家、文學家、宗教家，乃至英雄豪傑、才人智士，皆是菩薩的化身，但畢竟這一切皆各是一獨立之

領域，而不是釋迦之教義。是以徒從大乘佛法之「不毀世間而證菩提」之意來說明佛教不脫離現實，這並不足以解救其於國家政治方面之不足。菩薩道之不捨眾生自有其一定的意義與分際。而且這「不足」也並不就是佛教的壞處，那不過是儒家由此以顯自己之殊勝而已。因為任何宗教皆有其本分，沒有一個宗教能包攬一切的。西方宗教史即表明宗教是被逼著逐步向「從政治方面撤退而歸於其本分」的方向走。佛教原不涉這方面，這倒是很乾淨的。儒家本質上就與這方面有責相干，雖亦顯其殊勝，然時至今日，亦形成它的包袱與難題。三教互相觀摩，各有短長。這些，若說下去，牽連的太多，真是說來話長。想澹思先生亦不至輕易視之也。當然任何大教俱有其無限的前途。佛教將來如何發展，以何形態出現，這都是未可限量的。佛教如此，儒教亦如此，基督教亦如此。但有一點亦不可不注意，即無論如何發展，任何大教亦必有其基本教義上的範域與限度，不能隨便氾濫。這是未來的事，我們現在也不能多所討論。至於我那段「就宋明儒興起之機緣而說佛教之不足」的話（不足是不相干的不足，不是相干的不足），是就過去所表現的說，衡之以佛教的基本教義，亦不見得有若何「顛頂」處。在這裡，澹思先生不必太緊張。我那幾句話也算不得是批評，只是一個一般人所皆能感覺到的事實之指述。沒有一個宗教能包攬一切。

在這裡，我想乘機略說說我的態度。講宋明儒學是最易惹起麻煩的。宋明儒學之興起，他們在當時就是四戰之國。他們以宗教肯斷的態度來弘揚儒教，所以一方面闢佛老，一

方面斥俗學，這當然是要招敵的。這也是以前各宗教所共有的現象。我現在這個講辭是述往。我說明宋明儒闢佛老，但並不表示我也闢佛老。實在說來，我並不闢佛老，雖然我是儒教的立場。但是儒佛的基本教義與同異卻不可不平心來了解。我也說明宋明儒斥俗學，但我卻並不斥俗學。我只是就我所見到的來替宋明儒作點釐清辯護的工作，我只是反「反」以洗誣；我承認文學、歷史、科學、政治、道德、宗教，都有其獨立的領域與價值，但本末不可顛倒，亦不可不辨。宋明儒闢佛老當然不是蠻橫無理，也不是宗教狂熱的排他。我們不能不承認他們確見到儒佛間的一些根本差異點，我們也不能不承認儒佛間也的確有差異。他們之闢也只是因見到這不同而維護自己肯定自己而已。這亦如佛教之破外道。我有時要說明他們的闢並非無理由，而常有這樣的語句，如：「此其所以闢佛老也。」佛弟子見了這種語句便大不高興，馬上就想到我是在闢佛老。六七年前，忘記在哪一篇短文裡，接觸到這方面，其中就有那樣一句話，因而便惹惱了佛弟子。他們在《海潮音》（卷期已不記）刊載了一段文章（作者及題目悉不記），用尖酸刻薄的話頭把我大罵一頓。《海潮音》，他們是按期寄贈我一份的，惟獨這一期卻不送給我。還是一位學生拿給我看的。過了這一期，他們又按期寄贈。我的修養究竟還不到家，看了後，不免動氣。心想五四以來社會上那種刻薄漫罵的惡劣風氣，何以竟傳染到出家人身上來。（寫該文的人究竟是否出家人不得知，但《海潮音》是出家佛弟子辦的，故暫如此說。）青年人覺得非要罵回去不可。我說算

了，這也無可辯的。若只是為出氣，以牙還牙，這是無道理的。修點忍辱波羅蜜吧。那種人也不能代表佛教。又想他們這一期不寄給我，過了這一期又續寄。佛弟子究竟與世俗不同，不像世俗那麼不在乎。這樣，事情也就淡忘了。我並不因此而起反動。我還是隨時注意佛教方面的文獻，隨時想對佛教的理論教義有更深入而恰當的了解，對於儒佛的同異也隨時想要步步深入而期得到一個恰當而盡至的辨別。對於《海潮音》裡邊弘揚教義的文章，如印順法師的文章，我幾乎每篇都讀。我實在從他那裡得到很大的利益。我覺得他對佛教經論的詮釋與理解是超過內學院的。我自信我們對佛教的虛心與了解是超過佛弟子對於儒家的虛心與了解的。同樣我們對於基督教的虛心與了解也超過一般基督徒對於儒家的虛心與了解。但是我也常受到從基督徒方面來的誣枉。我看他們的誣枉言論是很少能站得住的。所以我也很少和他們爭辯。凡接觸到這方面，爭辯、護教、排他，是免不了的。而我的語言也不能擔保句句皆妥當，招惹麻煩、得罪人，也是免不了的。因為我有我的立場。但我之立場並不像一般信教的立場那樣，也不像一般護教的立場那樣，乃是覺得我們處在這個時代，從中國文化的樹立與發展上看，這是所必然要遭遇到要正視到的問題，也正如宋儒當年之遭遇佛教。我們處在這個時代，若想以自己的生命承當中國文化發展的道路，則對於西方文化不能不正視：對於科學問題不能不正視，對於政體問題不能不正視，對於宗教問題不能不正視。這不是炫博、作學究，乃是文化生命的承當問題。我是真正在迫切之

感中步步把生命貫注到這些方面上，期望暢通中國的文化生命的。因此這十幾年來，我們實在受到了各方面的攻擊。我們不是唯科學主義者，所以宣傳科學的人罵我們。我不是一般所謂自由主義者，所以只信自由主義的人罵我們。我們要站在中國文化的立場上說話，所以全盤西化論者罵我們。我們沒有一般人的既成的穩定靠山可資憑依：信基督教的人，他們有基督教作憑依；崇拜科學的人，他們有科學作憑依；只信自由民主的人，他們有英美的自由民主作憑依。所以他們是「天下事大定矣」，只等著吃現成來罵人便是了。而我們卻是一無憑依，只是想以生命頂上去，如何能本著儒聖的智慧與道路，來消融這一切，以暢通中國的文化生命。我們處在這時代，也是四戰之國，但是卻很少與人戰，也可以說一無與戰。我不覺得，科學、自由民主、道德宗教是互相有礙的。他們憑藉某某以罵我們，其所表現的頑固淺陋與不通，實無理可說，也實在不值得爭辯。我們的主要心願是在暢通中國文化生命以解除共產主義的魔難，所以對於那些不識大體不知死活的人的詬詆也就看淡了。這些瑣碎爭閒氣的爭爭吵吵，親親怨怨，在「魔難當前」這個嚴重問題的面前，又算得了什麼呢？處在這魔難的時代，每一個人沉下心去，相觀而善，精求理解，是最真實的，也是最有益的。我常常表示說，從前是儒釋道三教相摩蕩，現在則當是儒佛耶相摩蕩，這是不可避免的時代課題。儒佛耶俱有其精采，也俱有其限度，同時也俱有其不足處與艱難處。就整個世界說，這些大教所代表的生命道路如不能重新振作與復興，相與與相契，

是無法克服共產主義之魔難的。就中國說，如不能本儒家的智慧以暢通中國文化生命之道路，則其民族生命是無法健康地站立起來的。就基督教說，如果一般基督徒不能切實檢點自己的病痛，不能正視尊重儒教與佛教的通透智慧與奧義，光想貶抑人以虛騰自己，則也是決難傳到中國來的。

五十二年七月《人生》雜誌

祀孔與讀經

　　九月二十八日為孔子誕辰紀念。前年《民主評論》紀念孔子，我寫了一篇〈儒家學術的發展及其使命〉，去年紀念，則有唐君毅先生的〈孔子與人格世界〉。這些文字是從儒家學術的內容和孔子之為聖賢人格的圓滿性來說話。今年我想從另一方面來說。另一方面就是文制一方面。為什麼從這一方面說呢？因為祀孔是政府規定的，讀經也是政府所提倡的，這都表示對於孔子的尊崇。政府的舉動必然含有文制的意義，因為它的舉動是從整個民族國家方面想，是對全社會人民說。這不是政府裡面的人之思想自由信仰自由問題，也不是他個人主觀上喜歡不喜歡的問題。同時，也不是對社會上某一部份人說，即不是為的有助於贊成儒家學術的人而發，也不是為的壓抑反對儒家學術的人而發。祀典是一個文制。讀經只是在提倡中，尚沒有成為一個文制。

　　一個民族尊崇他的聖人是應該的。政府代表民族國家，

從文制上來尊崇也是應該的：既是它的權利，也是它的義務。
現在我說明兩點：一、儒家學術是否含有文制的意義，是否
可成為文制？二、一個民族，一個社會，總之在人民的現實
生活上，文制是否必需？

　　儒學，或者說，四書五經所代表的學術意義，是否含有
文制的意義？是否可成為文制？關於這個問題的決定，關鍵
是在：是否一切學術都可以看成是個人的思想理論？或者說，
我們是否可以拿個人思想理論的觀點來看一切學術？以前的
人對於經子總有一個分別。我們現在對於這個分別可直接說
出來是如此，即：「子」（諸子百家）是個人的思想理論，不
含有文制的意義，不能成為一個文制。而「經」則含有文制
的意義，則可以成為一個文制。董仲舒漢武帝尊崇儒術，罷
黜百家（罷黜是不立學官之意，不用以取士之意），首先認識
這個意義，所以也就首先從政府立場看出其含有文制的意義，
可以很順當的成為一個文制。後來歷代帝王無不尊崇維護這
一套。這不能完全是統治者的自私，統治者的利用。因為尊
崇維護五倫之教，不會單是自私，單是利用。就是動機是自
私，結果也是公。就是利用，也是上上下下，大家都要利用，
不光是單有利於某一個人。因為這是上上下下的一套生活方
式，所必共由之道。這就是儒家含有文制的意義，可以成為
一個文制。維護者很可以不讀經，也很可以不懂經的內容、
經的高遠理境與深遠意義。但這無關係，只要他能從文制上
尊崇聖人，維護五倫就夠了。只有懂的人解的人來講。我說
這意思，就是表示以前的人很能了解儒學的文制的意義，也

很能了解文制的重要。只是到清末民初以來的智識分子，個個都是空前絕後，不識大體，不知謀國以忠之義，所以才不了解儒學的文制意義，也不知道文制的重要。自清末廢科舉興學校以來，隨著來的就是廢除讀經。實則科舉是考試取士，學校是培育人才。一個是取，一個是養，有學校之養，不必定廢考試之取。現在不是還有考試院嗎？為什麼有了學校就必得廢除考試取士之常軌？考試的內容與方式可以變，而國家取士之常軌可以不變。復次，為什麼有了學校就得廢除讀經？當時廢除讀經尊孔的理由是：孔孟之學在漢以前只是諸子之一，我們現在沒有定尊他的必要，應當還他原來之舊，讓學人自由去研究。這一方面倡導學術自由，思想自由，其理由好像很正大，可是另一方面，就是「拿個人的思想理論」的觀點來看一切學術，這一個觀點是害事的，就是不識大體的。當然，如果學校是研究學術的機關，自然須讓學人自由研究，人的精力有限，研究其一，不必研究其他。但是學校與研究，不是唯一的標準。如果站在民族國家的立場，認識到立國之本，出之以「謀國以忠」的態度，則學人研究雖可自由，而普遍讀經不必廢除。縱使退一步，大學廢除，中小學亦當有個辦法（這不是關乎懂不懂的問題。凡是關乎這類性質的事，都不必一定要懂。念佛的人不一定能懂佛理。爾愛其羊，我愛其禮。同樣，爾愛其懂，我愛其習）。再退一步，縱使整個學校廢除讀經，政府以及有識之士，立於國家之立場，也當該認識儒學文制的意義而有一個尊孔護持的辦法，這才是謀國以忠，顧及千秋萬世的用心。可是當時領導

社會的思想家、教育家，卻只是拿「個人的思想理論」的觀點來看一切學術，以諸子百家的態度來看儒家及孔子，遂輕輕把含有文制意義的儒學，維持華族生命已經數千年的忠信觀念，一筆勾銷了。這個無識不忠的罪孽，遺害不淺。實則，漢以前只為諸子百家之一，並不妨礙其本質上的優越性與可尊崇的地位。這不能成為廢除的理由。耶穌的出身，只是個木匠的兒子，可是並不妨礙其為聖人，為創教的教主。我們只能把他看成是個木匠的兒子行嗎？王船山說：「害莫大於浮淺。」真是慨乎言之。

儒學不能看成是個人的思想理論，孔孟不能看成是諸子百家之一。原夫孔子立教的文制根據就是周文。而周文的核心則在親親之殺，尊尊之等。由親親尊尊演變為五倫。親親尊尊與五倫都是文制的。這是經過夏商而至周公制禮才確定。五經中的史料以及道理都在表現這一套。孔子繼承（述而不作）這一套，刪《詩》、《書》，定《禮》、《樂》，贊《周易》，作《春秋》，其中心觀念，就是憑依親親尊尊之文制。文制不是個人的一套思想理論。後來經過孟子道性善，順仁義而直指本心，直向上透，遂開儒學高遠理境之門。經過宋明理學的發展，益臻廣大精微之境。這是屬於儒家學術思想的內容之一面。這一面不必人人皆懂，亦不必人人皆贊成。（實則不贊成只是由於不及。不懂不理可以，若硬要反對，則只是意氣或根本不及。）但是親親尊尊五倫方面，則人人皆懂，政府維持儒教，尊崇孔子，亦只有從文制方面才得體。不必定要作之君、作之師：既要作皇帝，又要作教主。以前的皇帝

雖然專制，但是他們卻懂得這一層。他們不出來爭著作教主。他也要受教，讀聖人書。以朱元璋之威，還能下拜孔子，還能知「孔子萬世師表，豈可以政治分位論」的道理。禁止演聖人戲，也是他規定的。諸位不信，試看今日。自林語堂編《子見南子》劇本，山東曹州第六中學即演《子見南子》以來，一葉知秋，即可知今日之劫難，並非偶然。此真歷史家所應大書而特書者。政府維持這方面的文制，不算專制，不算極權。破壞這方面的文制，侮辱立教化的聖人的自由，不能隨便有。政治上的自由民主，不是首出庶物的東西。

　　從這裡，我即說第二點：一個民族，一個社會，總之在人民的現實生活上，文制是否必需？在此，我斷然答之曰必需。凡是文制都是表示現實生活上的一個常軌；有普遍性，有一般性。民主政治是政治生活的一個常軌，所以民主政治也是今日的一個文制。西方除科學外，惟賴有民主政治與宗教這兩個文制，才能維持他們生活的常軌。宗教是政治生活外的日常生活中的一個文制。這不能由民主政治來代替，也不能由科學來代替的（科學不是一個文制）。我們也不能拿西方的宗教來代替。耶穌教不能移植到中國的民族性裡而成為日常生活中的一個文制（理由我這裡不必說），我們還得根據我們的文化傳統及聖人來建立文制，作為我們日常生活的方式。文制有普遍性與一般性，這是從社會上一般人民日常生活來作想。不是單獨對某一部份人作想。也不要單從自己的立場作想。現在的中國人，農工商都知道尊崇祖先，尊崇聖人，惟有知識分子，腦子裡充滿了一些不成熟觀念，個個都

是空前絕後，菲薄祖先，菲薄聖人。而且其思量問題，見諸議論，又都是從自己的立場來作想。這就是今日知識分子的無器識處。他總以為：我們是研究學問的人，我有研究的自由。那麼你為什麼一定要推一個孔子出來呢？為什麼一定要尊崇儒教呢？在我自己的研究自由上，我反對。這種人只知道他自己的主觀立場，所以他也把一切學術，都看成是個人的思想理論，沒有什麼學術還有文制的意義。若有人從文制方面想，他就以社會上高等知識分子的身份，出來反對。他殊不知天下人，不都是研究學問的人。就是研究學問的人，也得有與一般人共同的日常生活。人在社會上誰無專業？豈獨你研究學問的專業？但是農工商都知道尊崇聖人，沒有以自己的專業為唯一的尺度，這不是知識分子的見識、虛心與客觀都不及農工商嗎？這是第一層。復次，你如果是一個自由思想家，是一個浪漫不羈的詩人文人，你可以衝破一切禮法，你可以不受任何文制的束縛。凡不是我思想性情上所許可的或所喜歡的，我一概不能忍受。你可以向孔子挑戰，你可以向耶穌釋迦牟尼佛挑戰。我寧願顛連困苦甚至犧牲性命，我也不願委曲自己。這點，我承認你天才的性格。但是，你須知天下人不都是你這樣的天才。你天才你的，我還是文制我的。你不吃家常便飯，你不能叫天下人都不吃家常便飯。你不能以你自己為尺度。這是第二層。復次，一個有自覺生活的人，在他的覺悟過程中完全以自覺中的自明自得為證。他心中也無天，也無地，也無聖人。他自己心中的自明自了就是天就是聖人。佛家所謂即心是佛，即是此義。禪宗裡面

有所謂呵佛罵祖也完全是以自己之本心作證。但是你須知他的呵佛罵祖，無天無聖，完全是指他自己的修證言。其本人雖有點昂首天外的狂氣，但他究竟還是以聖以佛為宗。他並不能以他自己昂首天外的氣概，否認儒家文制、佛家文制的建立。在他自明自了的過程中，也可以不注意這些粗末的文制。但他究竟還是在這些文制中顯精采，這種顯精采究竟也不是德的成熟境界。注重文化制度的人，還是認為這種狂氣有流弊。所以文制總有它客觀意義與客觀價值，以及其文化上的意義與文化上的價值。這是第三層。我以上所說的三層，都是研究學問的知識分子所可持以否認文制的根據的。但是近時知識分子所能知道的，也只是前兩層（即是學術自由與不吃家常便飯的天才），或者只是第一層。至於第三層，尚不甚在他們的意識中，而此第三層實不是反對文制，只是有橫決的流弊而已。若只是停在第一層次上而否認日常生活中教化上的文制之建立，那是頂不負責任，頂無器識，頂個人主義主觀主義的態度。試想三四十年來的中國知識分子，豈不是只拿這個態度來否定一切道揆法守嗎？

　　沒有一個客觀的文制為道揆法守，社會上日常的是非善惡的判斷，未有不混亂的。而一般人的生活，尤其是知識分子，亦必是十分痛苦的。因為無客觀的文制，無中心的信念，無公共遵守的道揆法守，一切都憑自己的主觀意識來決定，都憑自己自覺的觀念來決定，那未有不混亂不痛苦的。因為人不能都在或總在自覺中過生活，總得有一個不自覺或超自覺的東西作憑依。這就是莊子所說的人相忘於道術，魚相忘

於江湖。相忘就是超自覺，不自覺。不自覺其所憑依之江湖之可貴，而得養其天年，潤其生命。若是離開這個不自覺的憑依，而處在陸地上，相濡以沫，意識中時時在自覺奮鬥，則其痛苦可知，其生命亦快完了。客觀文制之於生活亦然。知識分子總站在自己的意識自覺中說話，動不動講重新估價，自己來重新認識衡量古聖先賢，這是中了淺薄的理知主義之毒，是頂無見識的表示。關於這一層，我在《當代青年》五卷一期中有〈當代青年〉一文，說的較詳較明，讀者可取而參閱，以補本文之不足。

　　以上兩點，即儒學含有文制的意義，不可看作個人的思想理論，不可等視諸子百家，以及生活上文制之必須，俱已說明，則今日之祀孔讀經，都不是無意義的。祀孔且不說，關於讀經，若站在政府的立場上，亦當設法從文制上著眼，如何措施來實現它。提倡讀經當然不是個人讀書問題。若是個人讀書，則開卷有益，而況經乎？那麼提倡讀經或反對讀經，都不只是個人讀書的問題。反對者我已明其不知儒學含有文制之意義。則提倡者就得從文制上著眼。這不是學校裡讀不讀的問題，也不是懂不懂的問題。這是一個客觀的、整個的、籠罩全社會的文制問題。就學校言，如何設法能實現普遍地讀。各階層的讀，有各階層的懂。這都要靠一個文制來烘托來維持來薰習。如果社會與政府有誠心，有信念，來注意這一個文制的問題，則總可以逐步實現此文制。就是一時不能成為定制，則振刷風俗，整肅官常，在在都可以表示其尊崇聖人與維護教化。

四十一年《中央日報》孔子誕辰紀念特刊

現時中國之宗教趨勢

　　此書是以英文寫的。原題為 *Religious Trends in Modern China*，紐約哥倫比亞大學出版（一九五三年），著者為 Wing-tsit Chan。吾初不知其中文名為何。經詢之謝幼偉先生，乃知為陳榮捷，廣東人。現任達茅斯學院 (Dartmouth College) 中國文化及哲學教授。在國內，吾未遇其人。閱此書後，知其於中國近四五十年來思想文化之趨勢，述之頗詳，亦甚中肯。寫給外國人看，亦足以增加西人對於近時中國之了解。

　　此書標題為「近時中國之宗教趨勢」，吾初以為是講佛教或基督教。審之，乃知並未涉及基督教。只以中國原有之儒釋道三教及回教為討論之對象。其第一章為儒教中什麼是活的什麼是死的；第二章講佛教中之近代運動；第三章：佛教思想之發展；第四章：民間宗教（以道教及各種教門為主）；第五章：回教之新醒；第六章：知識分子之宗教（討論近三

四十年來知識分子對於宗教之態度）。

一

宗教，如一般人所想之通義，當以耶教為典型。中國的儒釋道三教，似乎不是此類。其本質之差別點即在：耶教為依他之信（信上帝），而儒釋道三教皆不為依他之信。此三教本質上皆是從自己之心性上，根據修養之工夫，以求個人人格之完成，即自我之圓滿實現，從此得解脫，或得安身立命。從此點上說，皆不須依他之信。故不類典型意義之耶教。然宗教，無論耶教，或儒釋道三教，皆是最內在性的事，皆必通過最內在之主體以求人生之基本態度、信念與立場。故丹麥哲人契爾克伽德 (Kierkegaard) 說：宗教是內在性的事，必反歸於主體，以無限之熱情，追求永恆之道福。此只能是個人的事，而毫不能假借者。他又說：「主體性即是真理。」因為主體才有決斷。此所謂真理，當然不是科學的真理。乃是人生之基本態度、信念與立場。這是一種決斷。此種決斷只有在最內在的主體上表現。此相當於中國儒者所謂自信自肯。此自信自肯處之真理性，並非科學所能提供，亦非民主政治所能提供，乃是最超越者，超越乎一切外部事物以上者。故無論科學如何發展，政治社會如何變化，而此基本態度、信念與立場，決不搖動，亦不能為其他任何外在事物所代替，故僅有科學、民主、工業、技術，乃為不足者。我們還須有一個態度，一個決斷，一個自信自肯。從此而言，無論耶教，

或儒釋道三教，皆表現此義，而自其對於人生宇宙、學術文化之關係言，則儒教與耶教尤為恰當而順適。故儒教，在中國雖未成為宗教，然卻實為「宗教的」，（此義陳書亦提到。）因它實代表一種人生之基本肯定。此種肯定（決斷），在科學與民主裡，是找不到的。故吾人視之與宗教為同一層次上的事是可以的。宗教，如中文所示，有宗有教。宗是其歸宿，教是其軌道，（方法理論皆含於軌道中。）依宗起教，以教定宗。故中國以前只言教，而不合言宗教。言宗教則彰顯「依他之信」，只言教，則歸於自信自肯，而惟是依教以如何成聖、成仙、成佛。從內在主體性方面說，耶教因歧出而為依他之信，故不如儒釋道，若從基本態度、決斷、肯定對於人生宇宙學術文化之關係言，則釋道又不如儒教與耶教。依此而言，儒教為大中至正之大成圓教。其他皆不免歧出與偏曲。際此衰世亂世，人生基本態度與肯定已成問題，而儒教，因其歷史之久，化力之大，尤受攻擊。彼雖未成宗教，而實為宗教的。陳榮捷先生視同宗教而論之，在此時代，實具有深遠之意義。因此時代，因共產主義之出現，因科學、工業、技術化之發達，最足以動搖並缺乏人生之基本態度與肯定也。此為虛無之時代。吾茲文所說，不能涉及陳書之全體。因有關事實，如回教、道教等，吾所知者甚少。茲就其第一章論儒教者而言之。

二

　　關於儒教，近四五十年來之情形，陳書自康有為之國教
運動說起。康氏於清朝末年曾請求皇帝定孔教為國教。民國
肇造，陳漢章 （Chen Huan Chang 當為陳漢章） 復於上海、
北京、曲阜各地，成立孔教會，以康氏為會長。一年以內，
在中國、日本、香港、澳門等處，發展為一百三十個分會。
在一九一三年，他們請求國會定孔教為國教。嚴復及夏曾佑
俱曾於請求書上簽名。其他學人，包括張東蓀在內，亦支持
此請求。他們說：「孔教為數千年中國文化之結晶，實際上已
至國教之地位。」外人如 Reginald F. Johnston 亦說：「他完全
同情定孔教為國教之運動。」袁世凱當然亦表贊同。但不管
許多學人及官方之支持，而此運動卻很快地完全失敗了。

　　康有為的思想怪誕不經，大而無當。陳漢章於學術思想
上亦無足稱。他們不知孔教之所以為教之最內在的生命與智
慧，只憑歷史傳統之悠久與化力遠被之廣大，以期定孔教為
國教。一個國家是需要有一個共所信念之綱維以為立國之本。
此意識，他們是有的。此亦可說是一個識大體的意識。但其
支持此意識之根據卻是外在的。孔教之生命與智慧，自明亡
後，即已消失。在有清三百年中，孔教實只是典章制度風俗
習慣之傳統。康與陳之道德宗教之體驗與認識實不足，思想
義理亦不夠。他們的心思尚仍只是在典章制度風俗習慣之制
約中而不能超拔，故其根據純是外在的。同時，時代精神是

在政治社會俱在轉變革命中，即是在趨新中，向西方文化看齊中。這些趨新的意識，雖然也不透徹，然卻是新鮮的，活潑的，富於刺激性，易於煽動人心的。那種只是外在的保守，只憑外在的根據以定孔教為國教，（因此國教亦是一個外在的觀念，）這是抵不住趨新之時代精神的，其失敗是當然的。真正的保守是不容易的。這是一種積極而健康而且又是建構而綜合的意識，這是開太平、端趨向、定軌道的意識。若無剛健之生命，通透之智慧，深遠之義理，是不足語於保守的。真正的保守就是切實而落於實踐的創新。這兩者是不對立的。若保守只是外在的習氣，則趨新即是刺激反應之放縱。這才是對立的。保守不成其為保守，而趨新之勝利亦無益於國家。此即是中國三四十年來之悲劇。以吾人今日觀之，康陳固無真正之道德宗教意識，不知孔教之所以為教之生命與智慧，即反對國教運動者，如梁啟超、章太炎、蔡元培，對於道德宗教亦無體驗，對於孔教之所以為孔教之生命與智慧亦無了解。一方只是外在的，制度的，政治上的保守；一方亦只是外在的，理智的，開明的，只讀了一些書的一般知識分子之趨新。這本是大政治家，大思想家，偉大的聖賢人格的事，而此輩何足與道？

　　國教運動之失敗，陳書說其有三點涵義：一是使孔教為制度性的國教之努力從此停止。二是傳統的祭天與祭孔之禮之結束。（祭孔雖未結束，然既無以前之意義，亦更無宗教之意義，此點陳書已指出。）三是孔教根本不是宗教。（不可作宗教觀。）

　　如果中國人只反對孔教為國教，以及反對其為宗教，則孔教之塌落亦不過一時之激動，尚不是決定的。無奈中國人復進行其毀壞，並其為一文化力量而反對之。他們說：「在近代生活中，孔教不再是一積極而建設之力量。」（陳書頁十六——十七）

　　代表此趨勢的，便是五四運動後的新文化運動，以陳獨秀與胡適為代表。每況愈下，陳、胡更無道德宗教之意識，更不解孔教之所以為教之生命與智慧。所以一個走向共產黨，一個只是淺薄的理智主義者。

　　但是陳書指出：

　　　　中國人實在並沒有捨棄孔子。他們只廢棄某些孔教的
　　　　宗教禮節，取消許多孔教的社會、政治、教育方面的
　　　　制度，但並沒有取消孔教的基本教義。譬如，雖然婚
　　　　姻中父母之命已成問題，但孝父母是無問題的。官方
　　　　的祭天雖然結束，但大多數中國人仍然相信天。復次，
　　　　已倒塌的是制度的孔教，但是因為孔教從未高度制度
　　　　化，所以喪失其制度並不是致命的打擊。因為它無硬
　　　　固的組織，所以它能從此一學派轉到另一學派，而無
　　　　任何致命的影響。因此事實，孔教已從西漢儒學轉到
　　　　東漢儒學，此後，又轉到十二世紀理性主義的新儒學
　　　　（案即宋之理學），十五世紀唯心主義的新儒學（案即
　　　　明之王學），再後，又轉到近三百年來的批判學派，
　　　　（案此指滿清以來的三百年言。名曰批判學派不恰，

意亦不明。）孔教經過這一切轉化而常存。焉知今日
所發生者不是另一種轉化。說來亦怪，當孔教被否定
時，卻又有一些新趨勢，此將使它更為乾淨，更為真
實，或亦更為強壯。此即：孔教之新估價，孔子底真
正宗教地位之發見，孔教底唯心論學派之發展，以及
孔教底唯理論學派之生長。（陳書頁二十）

三

　　關於「孔教之新估價」，陳氏提出了梁漱溟，但說的很
少。梁先生實在不易。在新文化運動中反孔頂盛的時候，盛
論（雖然是浮淺的）中西文化的時候，他獨能以讚嘆孔子的
姿態出現，他維護孔子的人生哲學。他根據他對於王學門下
泰州學派的體悟以及他所受佛學的薰習，獨能深入孔教最內
在的生命與智慧。在只是「典章制度風俗習慣之傳統」的窒
息與僵化下（因而令人生厭），他獨能生命化了孔子，使吾人
可以與孔子的真實生命及智慧相照面，而孔子的生命與智慧
亦重新活轉而披露於人間。同時，我們也可以說他開啟了宋
明儒學復興之門，使吾人能接上宋明儒者之生命與智慧。吾
人須知宋明儒學隨明亡而俱亡，已三百年於茲。因梁先生之
生命而重新活動了。同時，吾人亦須知，據現在看，宋明儒
學是遙契孔子的必經之路。以往惟宋明儒學始真能接觸到孔
子的真實生命與智慧，故惟宋明儒學亦全部是活的生命與智
慧。典章制度風俗習慣只是孔教的歷史事業或文化事業。由

此言孔教，只是外在的，與孔子的真實生命及智慧尚隔一層。現在由梁先生之體悟，已恢復了這個接觸孔子生命與智慧之途徑。這就是他的《東西文化及其哲學》一書之貢獻。我們當時也是青年，可是看了他的書，覺得孔子並不討厭，很有生命，很有理想。梁先生的書，在扭轉人心上，其力量是大的。卑陋之輩所擁護的孔子，只是典章制度風俗習慣下的孔子，浮薄之輩所詬詆的孔子，只是典章制度風俗習慣下的孔子。這全成差謬。

可惜梁先生並未能再循其體悟所開之門，再繼續前進，盡精微而致廣大，卻很快地即轉而為他的鄉村建設事業，自己弄成了隔離與孤立，這就是他的生命已降落而局限於一件特殊事業中，這是他的求效求成之事業心太重，就是說「我要作一件事」。此中之「我」與「一件事」，俱是表示他的生命之降落與局限。這不是寧靜與凝聚。須知文化運動，宏揚教法，不是這樣形態所能奏效的。後來他又降落而局限於一時之政治漩渦中，即民主同盟中。這是他個人的悲劇，也是宏揚孔教上之不幸。他的文化意識只是類乎苦行的社會意識，所以容易落於橫剖面的社會主義之範疇下。至於民族國家，歷史文化，自由民主，道德宗教，這種縱貫的，綜合的，綱維的文化意識，他並不夠。這還是由於他體悟孔教的生命與智慧之不透。

關於「孔子底真正宗教地位之發見」，陳氏以胡適的「說儒」為代表，傅斯年亦在內。大家都知胡氏的基本觀點是來自傅斯年。他們以為儒的字義是懦弱，儒者原是指一些被征

服的殷商遺民，穿古衣冠，行三年喪，他們有其文化宗教的傳統。孔子亦是殷人，但是他生在「郁郁乎文哉」的周文系統下，他有老傳統的念舊，又要適應新文化。同時當時有一個預言（懸記），即五百年有王者興。這個意識在孔子的生命中起了作用，這使他有了一個莊嚴的擔負，以「斯文」為己任。依孟子，這個王者就是孔子。可惜他有其德而無其位。孔子既有這個莊嚴的擔負，他改進了儒，充實了儒，使儒不復為弱者，而成為剛健的，有理想的。他們這種述敘顯然表現了孔子為教主的意味，陳氏以「孔子底真正宗教地位之發見」歸之，是可以的。當然這種歷史淵源的陳述，也只是一說，即不從殷民族、懦弱、預言等說起，也可以見出孔子應運而生的崇高地位。不過胡氏能從這一個角度見出孔子的擔負與使命，這也是好的。這可以糾正他的新文化運動時的態度，也可以算是一種補過。不過胡氏如此說，也許只是一種述古，只當作故事說。在他生命中究起何種作用，對於他的思想信仰以及其於中國歷史文化的態度與了解，究有何影響，則很難說。這且不管。然在客觀上說，他這種陳述，實可有補過之作用。

　　關於「孔教底唯心論學派之發展」，陳氏推崇業師熊十力先生的《新唯識論》。他陳述熊先生的哲學比較多，在〈佛教思想底發展〉一章中，他又用不少的篇幅來介紹熊先生的《新唯識論》。雖不盡詳，然大體亦不甚差。他把熊先生介紹給西方人，這於西方人及西方人對於中國學術文化的了解上是有好處的。在這裡，我當然不能多述熊先生的哲學。我只略介

他的思想的淵源與發展，以及其於儒學復興上的貢獻及地位。
此或可略補陳書之不足。

　　熊先生早年深契王船山（而且到老無微詞），但苦無一統
系之軌範。四十左右進支那內學院從歐陽竟無學唯識。初宗
護法（《成唯識論》由護法揉集而成），年餘忽起疑，覺其非
了義，乃開始著手造《新唯識論》，十年而成。此即《新唯識
論》老本，即文言本也。抗戰期間在重慶北碚又重寫為語體
本，即今日流行之商務印書館所出之《新唯識論》。熊先生此
書，其理論規模大半有所資於佛家，而宗旨則為儒家。儒家
義理規模與境界俱見於《易經》與《孟子》，而熊先生即融攝
《孟子》、陸、王，與《易經》而為一。以《易經》開擴《孟
子》，復以《孟子》陸王之心學收攝《易經》。直探造化之本，
露無我無人之法體。法體即本心。本心亦寂靜亦剛健，故為
造化之源，引發生生不息。本心為「主」為「能」，以本心為
體，則體即為「能」而非「所」。此即其宗旨為儒家而非佛家
處。以此為本，乃造《新唯識論》，並評判整個佛教之空有兩
宗，是即無異直握佛教之宗趣而謂其為出世之偏曲之教也。
（即根本言之，謂其「真如」只寂靜而無生生，自文化言之，
不能開出人文，不能肯定人性、人道、人倫。）內學院歐陽
竟無及呂秋逸以佛教立場出而與熊先生辯，此為此時代學術
上之大事，亦為最高宗趣最後決斷之辯也。依內學院諸大居
士，以為佛家只言自性涅槃，不言自性菩提，復以為真如是
「所」，不是「能」。此兩義相連而生，而所以判儒佛者即在
此。涅槃即寂滅，菩提即圓覺。寂滅即空，即真如，即一切

法之自性。依佛家，一切法皆因緣生，無自性，惟以空為性，故云自性涅槃也。至於菩提則為觀空觀因緣而透徹後所修得之「圓覺」，自非本有者，故不云自性菩提也。至於空、寂滅、真如乃是寂靜之智心（轉識成智之智心）所照所證或所緣之「境」，故空宗言真如為智處，有宗言其為相分（即客相或對象），是以真如為「所」而非「能」。此種真如自然不能生生，不能繁興大用，開出人文。而真如亦不即是心，真如是就一切法之自性為空而言，而心亦是萬法之一，其自性亦是空。修得寂靜之智心而見空（即以能見能證空理為智），亦見心自身亦為空。此即為無上菩提，而得無餘涅槃。故不以心（本心）為體，而其體（如真如可以言體）或心（即菩提智心）自亦不含仁義禮智之性或天理，故自亦不能為「能」而起生化大用也。然而熊先生則深契儒家宗趣，言「自性智」。自性即本心，本心即靈覺，亦可依陽明言「良知之靈覺」，故云自性智。此自性智亦寂靜，亦起用，故其為體，為主為能而非是「所」也。故自性不但寂滅，亦有靈覺之健動也。有此自性靈覺，方可言修。修行所得所證是靈覺之圓滿實現。故言自性智，並非即廢修行，亦不妨礙言圓覺。然而佛家則只言自性涅槃，不言自性智，把智視同菩提，惟是修行之所得，是因其宗趣如此，然而尅就修行言之，亦為無本之論也。熊先生辭而闢之，豈有所私乎？今捨立場而不論，單自理上言之，吾以為儒家是對的，熊先生是對的。人不應封於其一偏之見而不進。佛家有所見，然真理不止不盡於其所見。會而通之，當有所轉進。必欲止於其所見，亦無可奈

何也，此人之所以為有限存在也。然而不礙智者仁者之創闢不已也。（以上所述，陳書未備。因此論辯本不具於《新唯識論》中。）

熊先生晚年復著《讀經示要》，標舉《易經》與《春秋》為儒家之兩大經典，亦可說是聖學之寶庫。內聖外王之基本精神與義理，俱見於此。先生文化意識之強，族類意識之深，蓋鮮有倫比。彼以其豐富之思想，精熟之義理，宏大之悲願，直將生命貫注於古往今來，而孔孟之教，宋明之學，亦正因之而蘇甦活轉於今日。彼真莊子所謂：

> 其于本也，宏大而辟，深閎而肆。其于宗也，可謂調適而上遂矣。

吾前言梁漱溟先生於儒學之復興已開其端。乃因少年得志，所成不大。先生年長於梁，大器晚成，而又一生鍥而不舍，念念不忘講學，從未將其生命局限於一件特殊的事業上，故儒學之復興，中國文化生命之昭蘇，至先生始真奠其基，造其模，使後來者可以接得上，繼之而前進。彼之生命，直是一全幅理想與光輝之生命。民國三十七年冬，大局逆轉，先生由杭至廣州，隱居於鄉。後來廣州淪陷，先生不得出。同門輩勸其至香港。先生曰：「吾中國人也，不能離國土。共黨不能動我一毫。生死由之。」後返北平，息影北大。然而萬人皆遞坦白書，而先生獨屹然不動於魔窟，而共黨亦真不敢動其一毫也。嗚乎，可謂偉矣。先生年已七十餘，闊別先生

已五年，不知何時得見。因見陳書而感奮，故略述如上以表懷念。

　　關於「孔教底唯理論學派之生長」，陳氏以馮友蘭的「新理學」為代表。世人皆知馮氏以新實在論的共相潛存說解析程朱之理而成為新理學。此根本與儒家無關，與程朱理學亦無關。視之為儒家之唯理派之生長者誤也。馮氏抗戰期在成都時，曾與予談，謂：「現時中國哲學只有兩派，其餘皆說不上，此如以前所謂程朱陸王，你們那裡代表陸王，我們這裡代表程朱。」吾當時即笑而不答。以此為譬況，可也。若說儒家，則彼今日之程朱實非儒家。焉有非儒家之程朱乎？吾故不欲詳論。

　　吾終信中國文化必將恢復其生命，儒學必將復興。任何惡劫不能阻止其前進。

四十三年七月《新思潮》三十九期

為學與為人

吳校長、各位先生、各位同學:

我們經常上課,把話都已講完了,再要向各位講話,似乎沒有好的意思貢獻給大家。這次月會承陶訓導長相邀作一次講演,事前實在想不出一個題目來。想來想去,才想到現在所定的題目——為學與為人。為什麼想到這個題目呢?是因為我近來常常懷念我們在大陸上的那位老師熊先生。當年在大陸的時候,抗戰時期,我們常在一起,熊先生就常發感慨地說:「為人不易,為學實難。」這個話,他老先生常常掛在口上。我當時也不十分能夠感受到這兩句話的真切意義,經過這幾十年來的顛連困苦,漸漸便感覺到這兩句話確有意義。我這幾年常常懷念到熊先生。我常瞻望北天,喃喃祝問:「夫子得無恙乎?」他住在上海,究竟能不能夠安居樂業呢?今已八十多歲,究竟能不能還和當年那樣自由的講學,自由的思考呢?我們皆不得而知。(今按:熊十力先生已於五十七

年五月二十三日逝世，享壽八十六歲。）常常想念及此，所以這次就想到他這一句話，「為人不易，為學實難」。這句話字面上很簡單，就是說作人不容易，作學問也不是容易的事情。但是它的真實意義，卻並不這麼簡單。我現在先籠統的說一句，就是：無論為人或為學同是要拿出我們的真實生命才能夠有點真實的結果。

先從為人方面說。「為人不易」，這句話比起「為學實難」這句話好像是更不容易捉摸，更不容易了解。因為我們大家都是名義上在作學問，所以這裡面難不難大家都容易感覺到。至於說為人不易，究竟什麼是「為人不易」呢？這個意思倒是很難確定的，很難去把握它的。我們在血氣方剛，生命健旺的青年時候，或壯年時候，或者是當一個人發揮其英雄氣的時候，覺得天下的事情沒有什麼困難，作人更沒有什麼困難，我可以隨意揮灑，到處迎刃而解。此時你向他說「為人不易」，他是聽不進去的。然則我們究如何去了解這「為人不易」呢？我們現在可以先簡單地、總持地這樣說，就是你要想真正地作一個「真人」，這不是容易的事情。我這裡所說的「真人」，不必要像我們一般想的道家或道教裡邊所說的那種「真人」，或者是「至人」。那種真人、至人，是通過一種修養，道家式的修養，所達到的一種結果，一種境界。我們現在不要那樣說，也不要那樣去了解這真人。能夠面對真實的世界，面對自己內心的真實的責任感，真實地存在下去，真實地活下去，承當一切，這就是一個真人了，這就可以說了解真人的意思了。因此，所謂真人就是說你要是一個真正的

人，不是一個虛偽的，虛假的，浮泛不著邊際的一個人。

　　怎麼樣的情形可以算一個真人呢？我們可以舉一個典型的例，就是以孔夫子作代表。孔夫子說我這個人沒有什麼了不起，我也不是個聖人，我也不敢自居為一個仁者，「若聖與仁則吾豈敢」，我只是一個「學而不厭，誨人不倦」，就是這麼一個人。這個「學而不厭，誨人不倦」是我們當下就可以做，隨時可以做，而且要永遠地做下去。這樣一個「學而不厭，誨人不倦」的人就是一個真人。這一種真人不是很容易做到的。沒有一個現成的聖人擺在那裡，也沒有一個人敢自覺地以為我就是一個聖人。不要說裝作聖人的樣子，就便是聖人了，人若以聖自居，便已不是聖人。聖人，或者是真人，實在是在「學而不厭，誨人不倦」這個永恆的過程裡顯示出來，透示出來。耶穌說你們都嚮往天國，天國不在這裡，也不在那裡，在你們的心中，在每一個人的心中。當這樣說天國的時候，這是一個智慧語。但我們平常說死後上天國，這樣，那個天國便擺在一個一定的空間區域裡面去，這便不是一種智慧；這是一種抽象，把天國抽象化，固定在一個區域裡面去。關於真人、聖人，亦復如此。孔子之為一個真正的人，是在「學而不厭，誨人不倦」這不斷的永恆的過程裡顯示出來。真人聖人不是一個結集的點擺在那裡與我的真實生命不相干。真人聖人是要收歸到自己的真實生命上來在永恆的過程裡顯示。這樣，是把那個結集的點拆開，平放下，就天國說，是把那個固定在一個空間區域裡面的天國拆開，平放下，放在每一個人的真實生命裡面，當下就可以表現，就

可以受用的。你今天能夠真正作一個「學而不厭，誨人不倦」的人，眼前你就可以透示出那一種真人的境界來。永恆地如此，你到老也是如此，那末，你就是一個真正的人了。真人聖人的境界是在不斷地顯示不斷地完成的，而且是隨你這個「學而不厭，誨人不倦」的過程，水漲船高，沒有一個固定的限制的。

　　我們這樣子了解真人的時候，這個真人不是很容易的。你不要以為「不厭」、「不倦」是兩個平常的字眼，不厭不倦也不是容易作到的。所以熊先生當年就常常感到他到老還是「智及」而不能「仁守」，只是自己的智力可以達到這個道理，還作不到「仁守」的境界，即作不到拿仁來守住這個道理。所以也時常發生這種「厭」、「倦」的心情，也常是悲、厭迭起的（意即悲心厭心更互而起）。當然這個時代，各方面對於我們是不鼓勵的，這是一個不鼓勵人的時代，到處可以令人洩氣。令人洩氣，就是使人厭倦，這個厭倦一來，仁者的境界，那個「學而不厭，誨人不倦」的境界就沒有了。照佛教講，這不是菩薩道。依菩薩道說，不管這個世界怎麼樣洩氣，不鼓勵我們，我們也不能厭，也不能倦。所以我們若從這個地方了解「學而不厭」、「誨人不倦」這兩句話，則其意義實為深長，而且也不容易作到。因為這不是在吸取廣博的知識，而是在不厭不倦中呈現真實生命之「純亦不已」，這是一個「法體」、「仁體」的永永呈露，亦即是定常之體的永永呈露。這種了解不是我個人一時的靈感，或者是一時的發現。當年子貢就是這樣的了解孔子，孔子不敢以仁與聖自居，

但是孔子說「學而不厭」，子貢說這就是智了，說「誨人不倦」，子貢說這就是仁了。仁且智也就是聖。這是子貢的解釋。所以這一種了解從古就是如此。後來宋儒程明道也最喜歡這樣來了解聖人，朱夫子的先生李延平也很能這樣了解孔子。這可見出這兩句話的意味不是很簡單的。所以說要作一個真人，不是一件很容易的事情。我們天天在社會裡「憧憧往來」，昏天黑地，究竟什麼地方是一個真的我，我在什麼地方，常常大家都糊塗的，不能夠把自己的真性情、真自己表現出來。這個也就好像是現在的存在主義者，海德格(Heidegger) 所說，這些人都是街道上的人，馬路上的人，所謂 das Man，就是中性的人。照德文講，人的冠詞當該是陽性，即 der Man。今說 das Man，表示這時代的人是沒有真自己的，用中國成語說，就是沒有真性情。假如我們能了解這個意義，反省一下我們自己，我究竟是不是「學而不厭，誨人不倦」，能夠永遠地這樣不厭不倦下去呢？我看是每一個都成問題的。當年我們的老師，到老這樣感觸，也可以說這就是我們老師晚年的一個進境。孔子到老沒有厭倦之心，所以說「發憤忘食，樂以忘憂，不知老之將至」。這個不是像一般人所說的，認為這是儒家的樂觀主義，這裡無所謂樂觀，也無所謂悲觀，這是一個真實心在那裡表現。天下的事情用不著我們來樂觀，也用不著我們來悲觀，只有一個理之當然。這個理之當然是在學而不厭、誨人不倦這一個過程裡永恆地表現，能如此表現的是真人。假如一個人能深深反省，回到這樣一個地方來，不要攀援欣羨，欣羨那個地方是至人，那

個地方有真人，那個地方是天國。假定你把這個攀援欣羨的
馳求心境，予以拆掉，當下落到自己身上來，來看看這一種
永恆的不厭不倦的過程，則你便知這就是真正的真人所在的
地方。這裡面有無限的幽默，無限的智慧，也是優美，也是
莊嚴（有莊嚴之美），真理在這裡面，至美也在這裡面。

　　說這裡面有無限的幽默，這是什麼意思？這裡怎會有幽
默？這幽默不是林語堂所表現的那種幽默，乃是孔子所表現
的幽默。孔子有沉重之感而不露其沉重，有其悲哀而不露其
悲哀，承受一切責難與諷刺而不顯其怨尤，這就是幽默。達
巷黨人說：「大哉孔子！博學而無所成名。」孔子聞之曰：
「吾執御乎？執射乎？吾將執御矣！」這就是幽默。說到聖
人不要說得太嚴重，太嚴肅。孔子自謂只是「學而不厭，誨
人不倦」，這就自處得很輕鬆，亦很幽默。說到此，我就常常
想到一個很有趣的語句，足以表示聖人之所以為聖，真人之
所以為真。這語句就是柳敬亭說書的語句。我們大家都看過
《桃花扇》。《桃花扇》裡有一幕是演柳敬亭說書——說《論
語》。當時的秀才就問：《論語》如何可拿來作說書？柳敬亭
便說：偏你們秀才說得，我柳麻子就說不得！柳敬亭是明末
一個有名的說書的人，說得風雲變色。所謂「說書」就是現
在北方所謂打鼓說書。這個柳敬亭在演說《論語》時，描寫
孔子描寫得很好。其中有兩句是不管你世界上怎樣「滄海變
桑田，桑田變滄海，俺那老夫子只管朦朧兩眼訂六經」。不管
世界如何變，我們的聖人只管「朦朧兩眼訂六經」。試想這句
話的意味實在有趣。「朦朧兩眼訂六經」並不是說忽視現實上

一切國事家事，對於社會上的艱難困苦，不在心上。「朦朧兩眼訂六經」是把我自己的生命收回到自己的本位上來，在這個不厭不倦訂六經的過程裡面照察到社會上一切的現象，同時也在朦朧兩眼照察社會一切的毛病缺陷之中來訂六經。這不是把社會上一切事情隔離開的。我想這個話倒不錯，它是很輕鬆，亦很幽默。幽默就是智慧。聖人的這種幽默，中國人後來漸漸缺乏，甚至於喪失了。幽默是智慧的源泉，也象徵生命健康，生機活潑。所以要是我們這樣的想這個真人的時候，雖是說的很輕鬆、很幽默，然作起來卻是相當的困難。尤其當我們面對挫折的時候，所謂顛沛造次的時候，你能不能夠不厭不倦呢？很困難！所以當一個人逞英雄氣的時候，說是天下事沒有困難，這是英雄大言欺人之談。我們常聽到說拿破侖字典裡面沒有難字，這明明是欺人之談。你打勝仗的時候沒有困難，打敗仗被放逐到一個小島上的時候，你看你有困難沒有困難。亞歷山大更英雄，二十幾歲就馳騁天下，說是我到哪裡就征服哪裡。可是當他征服到印度洋的時候，沒有陸地可征服了，便感覺到迷茫。楚霸王當年「力拔山兮氣蓋世」，當說這句話的時候沒有困難，容易得很，可是不幾年的工夫，就被劉邦打垮了。打垮了就說：「時不利兮騅不逝，騅不逝兮可奈何，虞兮虞兮奈若何！」當說這話的時候，就要慷慨泣下。你面對這種人的生命的限制，當人的生命的限度一到的時候，你反省一下，回到你自己身上來，你是不是能夠不厭不倦的永恆地維持下去呢？倒行逆施，不能定住自己的多得很！

　　我常想到現在聰明的人、有才氣的人，實在不少。我認得一位當年是張作霖的部下，以後給張學良升為師長的人，這個人名叫繆開元，現在在臺灣出家當和尚。他很慧敏，他常說到張作霖——他們的張大帥，這個張大帥一般傳說是東北響馬出身。大家當知道「響馬」這名詞的意義。可是雖然是一個響馬出身，當他的生命的光彩發出來的時候，就是說他走運的時候，卻真是聰明，料事必中，說話的時候都是提起來說的，絕沒有那種呆滯、阻礙的意味，就是那麼靈，而且他為人文秀得很，你看不出是一個響馬，一個老粗，溫文爾雅，明眉秀目。可是到生命的光彩完了，運氣完了，那就像一個大傻瓜一樣，糊塗得很。這個地方是一個困難。假定我們完全靠我們的原始生命來縱橫馳騁，則我們的生命是有限度的。假定不靠我們的原始生命，我們要訴諸我們的理性，來把我們的生命提一提，叫它永遠可以維持下去，這更困難。我看天下的人有幾個人能這樣自覺地去作工夫呢？大體都是受原始生命的決定，就是受你個人氣質的決定。到這個地方，要想作一個真人，我想沒有一個人敢拍拍胸膛說我可以作一個真人。我想這樣作真人，比之通過一種鍊丹、修行的工夫到達道家所嚮往的一個真人還要困難。這就是從為人這方面講，說是不容易的意思。所以現在存在主義出來呼籲，說二十世紀的人都是假人，沒一個真人。這個呼聲實在是意味深長的。

　　其次我再在為學方面說一說。「為學實難」，這個難並不是困難的「難」，這個好像當該說「艱難」。當年朱夫子快要

死的時候，對學生講還要說「艱苦」兩個字，表示朱夫子一生活了七十多歲，奮鬥了一輩子，到底還是教人正視這兩個字。不過我現在要表示為學的這個不容易，這個艱難的地方，我怎樣把它確定地說出來呢？我現在只想說這一點，就是：一個人不容易把你生命中那個最核心的地方，最本質的地方表現出來。我們常說「搔著癢處」。我所學的東西是不是搔著癢處，就是打中我生命的那個核心？假定打中了那個核心，我從這個生命核心的地方表現出那個學問，或者說我從這個核心的地方來吸收某一方面的學問，那麼這樣所表現的或者是所吸收的是真實的學問。一個人一生沒有好多學問，就是說一個人依著他的生命的本質只有一點，並沒有很多的方向。可是一個人常常不容易發現這個生命的核心，那個本質的方向，究竟在什麼地方。我希望各位同學在這個地方自己常常反省、檢點一下。你在大學的階段選定了這門學問作你研究的對象，這一門學問究竟能不能夠進到你的生命的核心裡面去，究竟能不能夠將來從這個生命的核心裡發出一種力量來吸收到這個東西，我想很困難，不一定能擔保的。這就表示說我們一生常常是在這裡東摸西摸，常常摸不著邊際的瞎碰，常常碰了一輩子，找不到一個核心的，就是我自己生命的核心常常沒有地方可以表現，沒有表現出來，沒有發現到我的真性情究竟在哪裡。有時候也可以這樣想，就是一般人也許沒有這個生命的核心。但是我不這樣輕視天下人，我們承認每一個人都有他這個生命最內部的地方，問題就是這個最內部的地方不容易表現出來，也不容易發現出來。

　　當年魯迅是一個學醫的，學醫不是魯迅的生命核心，所以，以後他不能夠吃這碗飯，他要轉成為學文學，表現為那種尖酸刻薄的文章。這一種性情，這一種格調的文字，是他的本質。他在這裡認得了他自己。這是現在美國方面所喜歡討論的「認同」的問題，就是 self-identity 的問題，就是自我同一的問題。一個人常常不容易自我同一，就是平常所謂人格分裂。這個人格分裂不一定是一個神經病，我們一般都不是神經病，但你是不是都能認得你自己，我看很困難。我剛才提到魯迅，這個例子是很顯明的。天下這種人多得很，那就是說有一些人他一輩子不認得他自己，就是沒有認同。

　　所謂認同這個問題，就照我個人講，我從二十幾歲稍微有一點知識，想追求這一個，追求那一個，循著我那個原始的生命四面八方去追逐，我也涉獵了很多。當年我對經濟學也有興趣，所以關於經濟學方面的書，至少理論經濟方面(theoretical economics) 我也知道一點，所以有好多唸經濟學的人也說我：你這個人對經濟學也不外行呀！其實究竟是大外行，經濟學究竟沒有進到我的生命來，我也沒有吸收進來，那就是說我這個生命的核心不能夠在這個地方發現，所以我不能成為一個經濟學研究者。當年我也對文學發生興趣，詩詞雖然不能夠作，但是我也想讀一讀，作個文學批評也可以了，鑑賞總是可以的。但是我究竟也不是一個文學的靈魂，我這個心靈的形態也不能夠走上文學這條路，所以到現在在這一方面，完全從我的生命裡面撤退了，所以閉口不談，絕不敢贊一辭。譬如說作詩吧，我連平仄都鬧不清楚，我也無

興趣去查詩韻。有時有一個靈感來了，只有一句，下一句便沒有了，永遠沒有了。這就表示我不是一個文學家的靈魂、詩人的靈魂。當年我也想作一個 logician，想作一個邏輯學家，但是這一門學問也不能夠使得我把全副的生命都放在這個地方，停留在這個地方，那麼你不能這樣，也表示說你生命的最核心的地方究竟不在這個地方，所以這個學問也不能夠在你的一生中全佔滿了你的生命，你也終於不能成為一個邏輯學家。所以我們這個生命常常這裡跑一下子，那裡跑一下子，跑了很多，不一定是你真正的學問的所在，不一定是你真正生命的所在。這個地方大家要常常認識自己，不是自己生命所在的地方，就沒有真學問出現。當年我也喜歡唸數學，有一次我作了一篇論文，寫了好多關於漲量 (tensor) 的式子，把我們的老師唬住了，我們的老師說：你講了一大堆「漲量」，你懂得嗎？我心裡不服，心想：你怎麼說我不懂，我當然懂啦，我就是今天不懂，我明天也可以懂。青年時代是有這個英雄氣，我今天不懂，我明天可以懂。這個雖然是一個未來的可能，我可以把它當成是一個現在。但是現在我沒有這個本事，我沒有這個英雄氣了。所以經過這幾十年來的艱苦的磨練，我覺得一個人誠心從自己的生命核心這個地方作學問吸收學問很不容易，而且發現這個核心很困難。假定不發現這個核心，我們也可以說這個人在學問方面不是一個真人；假定你這個學問不落在你這個核心的地方，我們也可以說你這個人沒有真學問。

我們人類的文化的恆久累積，就是靠著每一個人把他生

命最核心的地方表現出來，吸收一點東西，在這個地方所吸收的東西才可以算是文化中的一點成績，可以放在文化大海裡佔一席地。當年牛頓說我這點成就小得很，就好像在大海邊撿一顆小貝殼一樣。他說這個話的意思不只是謙虛。這表示說牛頓的生命核心表露出來了，吸收了一種學問，在物理學方面有一點成就，他這點成就，不是偶然撿來的，不是由於他偶然的靈光一閃，就可以撿到，這是通過他的真實生命一生放在這個地方，所作出來的一點成績。這一點成績在物理學這個大海裡面有地位，這就是我們所稱為古典的物理學。那麼從這個地方看，我們每一個人大家反省一下，不要說諸位同學在二十幾歲的階段，將來如何未可知也，就是你到了三十歲，到了四十歲，乃至於五十歲，你究竟發現了你自己沒有，我看也很有問題。所以我們經過這幾十年來艱苦的磨練，我以前覺得我知道了很多，我可以涉獵好多，好像一切學問都一起跑進來了。但到現在已一件件都被摔掉了，那一些就如秋風掃落葉一樣，根本沒有沾到我的身上來，沾到我的生命上來。我現在所知的只有一點點，很少很少。就是這一點點，我到底有多少成就，有多少把握，我也不敢有一個確定的斷定。這就是所謂「為學實難」，作學問的艱難。當年朱夫子也說他一生只看得《大學》一篇文字透。試想《大學》一共有多少字呢？而朱子竟這樣說，這不是量的問題，這是他的生命所在的問題。

　　我所說的還是就現在教育分門別類的研究方面的學問說。假定你把這個學問吸收到你的生命上來，轉成德性，那

麼更困難。所以我想大家假如都能在這一個地方,在為人上想作一個真人,為學上要把自己生命的核心地方展露出來,來成學問,常常這樣檢定反省一下,那麼你就知道無論是為人,或者是為學,皆是相當艱難,相當不容易的。所以我們老師的那一句話:「為人不易,為學實難。」實在是慨乎言之。這裡面有無限的感慨!我今天大體就表示這點意思。因為時間不多,而且諸位在月會完後還要開大會,所以我就說到這個地方為止。

五十七年三月《人生》雜誌

我與熊十力先生

　　本文是吾十年前所寫生活憶述中〈客觀的悲情〉章中之一段，記自初遇熊先生起至抗戰期間吾個人之遭遇以及所親炙於熊先生者。熊先生於民國五十七年初夏逝於滬寓，吾訖未能撰文紀念。今將此文發表，抒寫一真生命之屹立，兼表紀念之意。至於熊先生一生學問之詳述，則請俟諸異日。此文前尚有兩章，一曰〈直覺的解悟〉，一曰〈架構的思辨〉，曾發表於《自由學人》。此文乃承前而來者，人見之或有突兀之感，故略贅數語以明緣起。

　　　　　　　　　　　　　　　　　民國五十八年十二月著者識

　　我從美的欣趣，想像式的直覺解悟，轉入「為何」、「如何」的架構思辨。這架構的思辨是抽象的，是純理智的，是與現實無關的。這用存在主義的詞語說，是「非存在的」。這樣才能接上希臘傳統的「學」。但我在「非存在的」領域中，

同時也常被打落在「存在的」領域中：正視著「存在的」現實。在時代的不斷的刺激中，我不斷的感受，不斷的默識。在不斷的默識中，我漸漸體會到時代的風氣，學術的風氣，知識分子的劣性，家國天下的多難，歷史文化的絕續。這一切引發了我的「客觀的悲情」。由這客觀的悲情引我進入「架構的思辨」以外的義理。由於對這義理的滲透，我始能明白這一切之所以如此與所以不如此之「精神上的根據」。

我之接觸到這一線，其最初的機緣是在遇見熊先生。我之得遇熊先生，是我生命中一件大事。所以我這一章必須從這裡說起。

在大學三年級的時候（民國廿一年，那時我廿四歲），有一冬天晚上，我到鄧高鏡先生家裡去，他說我給你一部書看。拿出來，乃是《新唯識論》。署款為「黃崗熊十力造」。這署款，在一般說來，是很奇特的，因為普通沒有這樣。我當時就很震動。拿回宿舍，我一晚上把它看完了。開頭幾章，語句是佛經體，又是接觸的佛學問題，我不懂。後面漸漸成為魏晉諸子的文章，看起來比較順適了。我感覺到一股清新俊逸之氣，文章義理俱美極了。當然這只是我匆匆讀過後的一霎之感，其內容的原委，非我當時所能知。第二天晚上，我即把這書送還，並問這人是誰。他說我們明天下午即約他在中央公園吃茶，你也可以去，我給你介紹。第二天下午，我準時而到。林宰平先生、湯用彤先生、李證剛先生俱在座。不一會看見一位鬍鬚飄飄，面帶病容，頭戴瓜皮帽，好像一位走方郎中，在寒氣瑟縮中，剛解完小手走進來，那便是熊

先生。他那時身體不好，常有病。他們在那裡閒談，我在旁邊吃瓜子。也不甚注意他們談些什麼。忽然聽見他老先生把桌子一拍，很嚴肅地叫了起來：「當今之世，講晚周諸子，只有我熊某能講，其餘都是混扯。」在座諸位先生呵呵一笑，我當時耳目一振，心中想到，這先生的是不凡，直恁地不客氣，兇猛得很。我便注意起來，見他眼睛也瞪起來了，目光清而且銳，前額飽滿，口方大，顴骨端正，笑聲震屋宇，直從丹田發。清氣、奇氣、秀氣、逸氣：爽朗坦白。不無聊，能挑破沉悶。直對著那紛紛攘攘，卑陋塵凡，作獅子吼。我們在學校中，個個自命不凡，實則憧憧往來，昏沉無覺，實無所知。一般名流教授隨風氣，趨時式，恭維青年，笑面相迎。以為學人標格直如此耳。今見熊先生，正不復爾，顯然凸現出一鮮明之顏色，反照出那些名流教授皆是卑陋庸俗，始知人間尚有更高者，更大者。我在這裡始見了一個真人，始嗅到了學問與生命的意味。反觀平日心思所存只是些浮薄雜亂矜誇導譽之知解，全說不上是學問。真性情、真生命都還沒有透出來，只是在昏沉的習氣中滾。我當時好像直從熊先生的獅子吼裡得到了一個當頭棒喝。使我的眼睛心思在浮泛的向外追逐中回光返照：照到了自己的「現實」之何所是，停滯在何層面。這是打落到「存在的」領域中之開始機緣。此後我常往晤熊先生。他有一次說道，你不要以為自己懂得了，實則差得遠。說到懂，談何容易。這話也對我是一棒喝。因為在北大的氣氛中，學生方面從來沒有能聽到這種教訓的，教授方面也從沒有肯說這種話的，也不能說，也不敢說。這

也是一個很顯明的對照。我由此得知學問是有其深度的發展的，我有了一個未企及或不能企及須待努力向上企及的前途。我以前沒有這感覺，以為都可在我的意識涵蓋中，我只是未接觸而已，一接觸未有不可企及者，我只是在平面的廣度的涉獵追逐中。我現在有了一個超越而永待向上企及的前途。這是個深度發展的問題。時時有個超越前景在那裡，時時也使我返照到自己的生命現實之限度與層面。故我雖不輕易許可人，然亦知艱難與甘苦。我不許可人，因為我知道一般人的心思停在何層面上。這是一下子可以對照出來的。一般人只是停在平面的廣度的涉獵追逐的層面上。他們也知道學問無限，也知道自己有所不能，有所不知。但他們的這個知道只是屬於故實的、材料的、經驗的、知識的。這種知道實在不能說「前途」的。所以他們都是無所謂的，他們的有所謂只是炫博鬥富。他們不承認有德性義理的學問，他們也不知道人格價值是有層級的。他們也知道，但他們所知的，只是某人有多少考據知識，學問有多博，這和某人有錢，某人有權有位，是一樣，都是外在的、量的、平面的。所以他們可以看不起聖人，可以訾詆程朱陸王。這種卑陋無知，庸俗浮薄，實在是一種墮落。這癥結，我知道得很清楚。因為他們始終未感覺到有深度發展的問題。他們只是廣度的增加或減少。只有德性義理的學問才有深度的發展。他們不承認這種學問，所以他們沒有深度發展的感覺。他們的生命永遠是乾枯的、僵化的，外在化於材料中而吊在半空裡，他們永不會落在「存在的」現實上，所以他們也永不會正視現實，只藏

在他那教授的乾殼中以自鳴清高。實則是全無器識，全不知學問為何物。

有一次，馮友蘭往訪熊先生於二道橋。那時馮氏《中國哲學史》已出版。熊先生和他談這談那，並隨時指點說：「這當然是你所不贊同的。」最後又提到「你說良知是個假定。這怎麼可以說是假定。良知是真真實實的，而且是個呈現，這須要直下自覺，直下肯定」。馮氏木然，不置可否。這表示：你只講你的，我還是自有一套。良知是真實，是呈現，這在當時，是從所未聞的。這霹靂一聲，直是振聾發瞶，把人的覺悟提升到宋明儒者的層次。然而馮氏依舊聾依舊瞶。這表示那些僵化了的教授的心思只停在經驗層上，知識層上。只認經驗的為真實，只認理智所能推比的為真實。這一層真實形成一個界線，過此以往，便都是假定，便都是虛幻。人們只是在昏沉的習氣中滾，是無法契悟良知的。心思在昏沉的習氣中，以感覺經驗來膠著他的昏沉，以理智推比來固定他的習氣。自胡適以來，一般名流學者，只停在這層次上。大家亦只處在這層次上，來衡量學問之高低，實則無所謂高低，只有多少。實則亦不只自胡氏以來，自明亡後，滿清三百年以來，皆然。滔滔者天下皆是，人們的心思不復知有「向上一機」。由熊先生的霹靂一聲，直復活了中國的學脈。由「良知之為假定」，即可知馮氏的哲學史（其他不必說），全部不相應。他後來堅持他那「不相應」，造撰而為「新理學」，以及又後來之投共而無恥。良知由假定轉而為泯滅，以見他那一切知識學問全成為粘牙嚼舌之工具，毫無靈魂可言。

　　這些重要的關節，使我常常被拖到「存在的」現實上，亦使我常常正視這「存在的」現實，而體會另一種義理。這便是從外在化提升起來而向內轉以正視生命。這另一種義理就是關於生命的學問。不打落到「存在的」領域上，是不能接觸這種學問的。存在的領域，一是個人的，一是民族的。這都是生命的事。西方的學問以「自然」為首出，以「理智」把握自然；中國的學問以「生命」為首出，以「德性」潤澤生命。從自然到生命，既須內轉，又須向上。因為這樣才能由「存在的」現實而契悟關於生命的學問。我之正視生命，不是文學家或生命哲學的謳歌讚嘆。因為這樣只是生命之如其為生命而平置之，這還是「自然的」。其所謳歌讚嘆的仍只是自然生命之自己。自然生命之衝動是無可讚嘆的。這生命當然有它一套的東西，須要正視。但不能就這樣「如其所如」而積極地肯定之。我之正視生命是由一種「悲情」而引起。國家何以如此？時代精神，學術風氣，何以如此？難道說這不是生命的表現？但何以表現成這個樣子？於此見生命本身是極沒把柄的，無保障，亦無定準。但它可以作孽，它自作孽，它自受苦，明知受苦而想轉，但又轉不過來。於此見生命本身有其自身的一套。好像一套機器，不由自主地要滾到底。它有它的限度，也有它的無可奈何處。這是可悲的。民族生命如此，個人生命亦如此。人類的生命史是可悲的，亦是可喜的。何以會如此？這不能只看生命本身，這須透到那潤澤生命的德性，那表現德性或不表現德性的心靈。這裡便有學問可講。這裡是一切道德宗教的根源。我由世俗的外在

涉獵追逐而得解放，是由於熊先生的教訓。這裡開啟了一種慧命。這慧命就是耶穌所說的「我就是生命」之生命，「我就是道路」之道路。而中土聖哲，則願叫做「慧命」。

抗戰軍興，這當該是個莊嚴的神性戰爭。就連日本人也認為民國以來無義戰，只有這次是「大義所在」，所以中國人都聯合起來了。義之所在，無論敵我，都要承認的。只是「各盡其義」而已。可是，如果我們的抗戰真是大義所在，生死鬥爭，則他們的侵略便是不義的了。他們是以利為義。這在開始就輸了一籌。我們真是義之所在。可是黃帝的子孫，中國人哪！究竟對於這「義」，這神性的戰爭，有多少覺悟呢？何以是義？義的根源在哪裡呢？何以是神性？神性的根源又在哪裡呢？朝野上下並沒有多大的了解，並沒有足夠的深度的覺悟。政府在此並沒有正視建國的意義。社會上一般人對於建國亦並無清楚的意識。大家對於抗戰有清楚的觀念，因為是打日本。就是這點，還有共黨是例外，因為他們的真理標準別有所在，並不認為這是不可搖動的大義所在。對於抗戰有清楚的觀念，而對於建國卻並沒有清楚的意識。建國是嚴肅而神性的工作，是民族「盡其性」的工作。一個民族不能作到政體建國，便是未能盡其民族之性。亦如一個人之未能盡其性，便不可說是一個人格的存在。對於建國無清楚的意識，這表示黃帝的子孫在本源處已經提不住了，全落在物化的機械中了。大家都不痛切覺悟到何以是義，義的根源在哪裡，何以是神性，神性的根源在哪裡。所以政府一味泄沓，只是私利的佔有。知識分子認為義、神性，都是虛妄的名詞，

因為在他們的知識學問中，在他們的考據中，在他們的科學方法中，都不見有義的地位，有神性的地位。抗戰只是民族情感而已。他們跟著政府走，只是順俗，不好意思不走而已。若按照他們的理智推比，這根本沒有什麼道理的。這好像希臘的懷疑論者，當他的老師陷在泥坑裡，他卻在旁邊懷疑著，我究竟救他不救他呢？救他比不救他有多少好處呢？有什麼堅強理由使我非救他不可呢？一疑兩疑，其老師死矣。中國的知識分子亦如此，他們的學問中沒有義，沒有神性。因為他們都是理智主義者，科學一層論者。生命、情感、抗戰在他們看來，都是漆黑一團的，沒有什麼道理的。如是只是順俗逃出來，讓它去，我還是我的那套意識觀念。有義而不能知其為義，有神性而不能知其為神性。不知，所以不能肯定。義與神性都成了空名詞。共黨提出了唯物論，根本否定了義與神性。他們是以階級為標準，他們只是想奪取政權。他們嚷抗戰，不是以其為義之所在，他們是想利用這機會，混水摸魚。所以毛澤東說：抗戰十年，我們的力量就可以與國民黨等。這是大家在不能正視義與神性中，在不能正視建國中，一起物化，所必然來結論。毛澤東真有此聰明，他看清了這必然的結論。政府只在私利中防堵，是防不住的。如是，中國死矣。我為此而悲。黃帝子孫何以墮落到這種地步！

　　抗戰初期，生活艱困。我在廣西教中學一年。應友人張遵驑之邀，至昆明。無職業。租一小屋居住，生活費全由遵驑擔負。遵驑，張文襄公（之洞）之曾孫，廣交遊，美儀態。慷慨好義，彬彬有禮。家國天下之意識特強。好善惟恐不及，

惡惡則疾首痛心。民廿六年春，吾在北平主編《再生》雜誌，彼藉買雜誌之名，親到社中相訪。相見之下，推誠相與。遂有往還。未幾，七七事變，北平淪陷，彼走天津。吾亦旋到。彼言其父已去長沙，彼即將前往。留一地址，囑有緩急，可相告。吾旋去南京，不半月，京滬撤退，吾至長沙。常與其父忠蓀先生敘談。彼時北大清華已遷衡山。遵驌隨校從讀。來函相邀遊南嶽。當時局勢危殆，有瓦解之勢。學校朝不保夕，政府無暇顧及。人情洶洶。學生多有走陝北從共黨者。教授亦多縱容之，無有為立精神之主宰者。惟錢穆先生，因富歷史傳統意識，慷慨陳辭，多有講述。吾至南嶽，因遵驌之介，多與諸生相晤談。吾以「向上一機」向有志氣有血性之青年言，而教授們則阻撓之。以為吾是為某黨作活動，馮友蘭則大忌之。彼放出空氣，嗾使在校學生不得與某言。賀麟、沈有鼎輩則譏笑之。吾見此種種，大為失望，於此知知識分子之自私，與無能為，吾人微言輕，徒有熱誠，而莫可如何。生活且不得飽，遂由長沙走桂林。遵驌資助其路費。在廣西一年復去昆明。

時昆明在大後方，人情恬嬉如故，無復有迫切之感。既無理想，亦無憤發。民族之生死鬥爭，儼若與己無干焉。讓它去，拖著混。事後，人或以為此是中華民族之幽默，無論如何緊張，如何嚴重，而總有輕鬆之閒情。此雖可如此妙說，而究非自立之道。

吾在昆明，日處斗室之中，草寫《邏輯典範》。暇則散步於翠湖公園。一日，遇一面熟之人，忘其姓名。彼迎面而謂

曰：汝無職業，狀頗自得，君其有辦法乎？吾曰然。其實吾
毫無辦法。惟賴遵騮資助耳。遵騮亦不充裕。寄居其姑丈家，
吾內心甚急，遵騮亦急。彼託人謀之於雲大。欲得一講席。
終不成。蓋雲大本有此缺，某系系主任某已推薦朱寶昌，寶
昌燕大畢業，亦學哲學者，與熊先生亦有關係。吾聞之，頗
坦然。蓋既同道，又同是天涯淪落人，彼得之，彼可稍安。
吾不得，吾暫不得安，無關也。時熊先生在重慶，函湯錫予
先生謂：

> 宗三出自北大，北大自有哲系以來，唯此一人為可造，
> 汝何得無一言，不留之于母校，而讓其飄流失所乎？

湯先生答以胡先生（案即胡適之先生也）通不過。時胡氏在
美，早離北大。猶遙控校事，而校中人亦懾服於其陰威下，
而仰其鼻息。吾從不作回北大想。因吾根本厭惡其學風與士
習。吾在流離之中，默察彼中人營營苟苟，妾婦之相，甚厭
之，又深憐之。吾固為學風士氣哀。胡氏只能阻吾於校門外，
不使吾發北大之潛德幽光。除此以外，彼又有何能焉？此固
不足縈吾懷。求仁而得仁，又何怨哉？惟吾所耿耿不能自己
者，學風士習為其所斲喪耳。北大以新文化運動聞名海內外，
新文化運動，其目的當然是在復興或改革中國之文化生命，
以建設近代化之新中國。這當然是中國自己的事。中國知識
分子關心自己的文化與國家，無論其思想內容為何，這超越
的形式的涵義總是好的。這是北大唯一可取處。人於模糊中

總認為北大是中國的，而又有文化意識與學術意識的學府，不是殖民地的教會學校，亦不是無顏色靈魂的技術教育。一般人之所以有這樣認定，實在是不自覺地就那超越的形式的涵義而如此認定。但此超越的形式的涵義實在只是五四時新文化運動之原初動機之求中國好所澎漲成的一種氣氛。原初動機之求中國好，這只是一動機，太空洞無內容了。故這原初動機所澎漲成的那超越的形式的涵義並不能為人們所正視，相應如如而實現之，因此那超越的形式的涵義只是留在腦後，飄蕩在半空裡。只能為有感覺的人所感到所嗅到，而一般人則為其思想內容所吸住，紛馳散亂，膠著於特殊之現實（內容）而滾下去。新文化運動之內容是消極的、負面的、破壞的、不正常之反動的、怨天尤人的，因而與那原初動機適成背道而馳，與那超越的形式的涵義相違反。這裡並沒有積極的健康的思想與義理，並沒有暢通自己的文化生命，本著自己的文化生命以新生與建國。那對原初動機無成果，對那超越的形式的涵義無成果的一陣風過去了（因為其思想內容與這相違反，自然無成果），人們也不講運動了，也不講文化了（亦根本無文化意識），而只隨那紛馳散亂的特殊內容而膠著了，而僵化乾枯了，而轉為淺薄的乾枯的理智主義，餖飣瑣碎的考據，轉而為反思想反義理。因為五四時的新文化運動，本無在生命中生根的積極的思想與義理，只是一種情感的氣機之鼓蕩。它只要求這，要求那，而並無實現「這」或「那」的真實生命，與夫本真實生命而來的真實思想與義理。情感的氣機鼓蕩不會久，自然是一陣風。而且無思想義

理作支持的鼓蕩亦必久而生厭，因為其中本無物事故。此所以新文化運動後一跤跌入零碎的考據中，以為唯此考據方是真實而踏實之學問，以前之擾嚷只是造空氣之虛蕩，今空氣已成，自不需再有那種思想上的鼓蕩了。他們認為思想義理只是空而無實之大話，只是造空氣之虛蕩。他們說了大話，造了空氣，自收其墮落之果，所以再不准講思想與義理了。他們對於思想與義理來一個反噬，對於「文化」與「運動」來一個反噬。此即為學風士習之斲喪。吾所悲者即此耳。北大之潛德幽光豈不應再有發皇乎？就那原初動機，就那超越的形式的涵義，相應如如，而以真實生命與夫本真實生命而來的真實思想與真實義理以實現之，此是北大之真德與真光。這實現只有兩義：一在客觀實踐中復活創造的文化生命，二本自本自根的創造的文化生命以建設近代化的新中國。復活自本自根的創造的文化生命，便不能不有暢通自己的文化生命之積極的真實思想與真實義理。如是，五四時的新文化運動之負面的破壞的思想內容便不能不再來一個否定而歸於撥亂反正之正面的與健康的思想內容。此則必需扭轉那淺薄的乾枯的理智主義。至於考據，則其餘事。考據本身，並無不是。單看其套於何種學風，是否能有考據以上的識度與雅量耳。如此而恢弘北大之真德與真光，方是承載中國文化生命之北大，方是有文化意識與學術意識之北大。彼等墮落而歪曲了北大，乃是北大之罪人，篡竊了北大。吾焉得不悲。當年蔡元培先生氣度恢弘，培養學術自由，思想自由，能容納有真性情、真生命之學人，藏龍臥虎，豪傑歸焉，雖駁而不

純，蕩而無歸，然猶有真人存焉。而今胡氏輩排除異己，窒塞聰明，斲喪生命。依草附木，苟且以偷生之無恥無知之徒，竟謂北大當年何故請熊十力為教授。此喪心病狂之壞種，竟爾竊據學府，發此狂吠。殊不知北大之所以為北大，正在其能請熊先生與梁漱溟先生諸人耳。庶孽無知，不但北大之罪人，亦蔡氏之罪人也。而彼恬不知恥，猶假「北大」以偷生。彼區區者何足道，正為其謬種充塞，瞎卻天下人眼目耳。

昆明謀事無成，乃函重慶張君勱先生，告以生活無著之況。彼無回音。後彼與其弟張公權（時任交通部長）視察滇緬公路。過昆明，下榻翠湖旅店。彼事前無通知也。早晨閱報，遵驪告予曰：「君勱先生來矣。往見否？」吾頗怒。既而曰：「往見。」乃於晚飯後直至翠湖旅店，敲門而入。彼一見，頗驚訝，謂：「何以知之？」曰：「見報耳。」乃問：「前上函，收到否？」彼答以未收到。於以知是公之無誠也。乃告以生活狀況，並謂《再生》在昆明不流行，當有一負責人以推銷之。吾此議乃暗示吾只需要五十元耳。吾有此要求之權利，彼亦有應此要求之義務。乃彼竟謂曰：「汝去租房子，開好預算，即囑重慶寄款。」吾當時大怒曰：「謝謝你。」即離去。出而即決心與此輩斷絕關係。念吾自參加國社黨以來，在天津一年，在廣州一年，後返北平主編《再生》，皆與黨有關。在廣西，彼寫《立國之道》，最後一章〈哲學根據〉，亦吾所寫。吾在廣西任教一年，彼即由廣西返重慶。時距不及一年，吾不知何以開罪於彼，竟使彼如此相待。吾在昆明寫信給他，云未收到，此妄語耳。即吾信中有不妥處，依與彼

之關係，彼亦應當明言而教之。而竟以「未收到」對。其誠何在？吾困扼於昆明，謀事不成，無關係，吾不能回北大，吾亦無怨尤。惟此一不愉快之遭遇，吾終生不能無憾恨。吾信賴遵騮之友情，如兄如弟，毫無距離之感。彼解衣衣之，吾即衣之。彼推食食之，吾即食之。彼以誠相待，我以誠相受。我自念，我生於天地之間，我有生存之權利。而何況遵騮以誠相待，吾焉得再有矜持以撐門面。吾坦然受之而無愧：彼無望報之心，吾亦無酬報之念。蓋吾與彼之心境已超過施與報之對待，而進入一無人無我絕對法體之相契。遵騮誠有其不可及之性情與肝膽，吾亦誠有其不可及之開朗與洒脫。吾當時有許多體悟：吾自念我孑然一身，四無傍依，我脫落一切矜持；我獨來獨往，我決不為生存委曲自己之性情與好惡；我一無所有，一無所恃，我黯然而自足，但我亦意氣奮發，我正視一切睚眦，我衝破一切睚眦；我毫不委曲自己，我毫不饒恕醜惡：以眼還眼，以牙還牙，惡聲至，必反之，甚至嘻笑怒罵，鄙視一切。我需要驕傲，驕傲是人格的防線。我無饒恕醜惡之涵養與造詣。我在那階段與處境，我若無超體獨立之傲骨，我直不能生存於天地間。在那處境裡，無盡的屈辱、投降，不能換得一日之生存。我孑然一身，我無屈辱之必要。我無任何事上的擔負，我亦無屈辱以求伸之必要。而吾之真性情，真好惡，反在那四無傍依中，純然呈現而無絲毫之繫絆：因此我不能忍受任何屈辱。是則是，非則非，如何能委曲絲毫。當時也許有意氣處，但大體是純潔的，向上的。由於我個人的遭遇，我正視我個人的存在的生命之艱

難。由於國家的遭遇，我正視民族的存在的生命之艱難，我親切感到學風士習之墮落與鄙俗。我的生命的途徑必須暢達，民族生命的途徑必須暢達。

我雖對遵騮之友情坦然受之而無愧，然吾帶累朋友，吾心中不能無隱痛。彼之經濟並不充裕，彼為吾奔走著急，而不露聲色，吾雖不露聲色而受之，吾心中尤不能無隱痛。痛之至，即對於君勱先生憾之至。這是我一生最難堪最窩囊之處境。暑過秋至，遵騮須返滬一行。吾送之車站。彼即留下七八十元，並謂若有所需，可向其姑丈相借。吾即頷而受之。吾並非一感傷型的人。然當時直覺天昏地暗，一切黯然無光。淡然無語而別。當時之慘淡直難以形容。我事後每一想及或敘及，輒不覺泣下。魯智深在野豬林救下林沖，臨起程時，林沖問曰：「兄長將何往？」魯智深曰：「殺人須見血，救人須救徹，愚兄放心不下，直送兄弟到滄州。」我每讀此，不覺廢書而嘆。這是人生，這是肝膽。我何不幸而遇之，我又何幸而遇之。事後每與友朋笑談，大家皆目我為林沖，目遵騮為柴大官人。

遵騮去後，我即函熊先生。時熊先生在重慶，正應馬一浮先生邀，共主講復性書院。熊先生力介吾進復性。馬一浮先生為山長，辭以無款。熊先生乃商之該時教育部長陳立夫，由教部支薪，以都講名義住書院。吾接熊先生函，考慮三日而應約。蓋吾向不與國民黨要人接頭也。然那時處境實是逼上梁山，又因熊先生作主。吾信熊先生可以作得主，遂決定前往而不辭。吾從熊先生，非就國民黨也。如此，吾可以對

得起張君勱，對得起國社黨。君子絕交不出惡聲。吾已無參與任何現實政黨之興趣矣。

時敵機狂炸重慶，以及四川各地。吾欲至嘉定拜熊先生，船至敘府，水淺不得達，乃返。適接熊先生函云：汝勿來，吾已離去。熊先生因日機炸嘉定，受傷，又與馬一浮先生相處不諧，遂毅然辭去，寄寓璧山獅子場國民小學校長劉冰若先生處。吾即由重慶往拜。薄暮始達。至則見師母補綴衣裳，並告以先生在裡屋，余即趨入，時先生正呻吟榻上，一燈如豆，狀至凄涼。問安畢，相對而泣。並言人情之險。時同門韓裕文兄隨侍，與先生共進退（裕文兄抗戰勝利後去美，在美逝世，可傷）。晚間告以離嘉之故甚詳。翌日先生起床，精神稍佳，聚談甚樂。吾盤桓數日，返重慶，主持《再生》出版事。翌年，大理民族文化書院成，吾即去大理。君勱先生意不愜也。以講師名義住院。無所事事。彼令吾給諸生補改英文，吾曰：「彼有英文先生，吾何為？」曰：「汝不任乎？」曰：「當然不任。」精神痛苦已極。該時，吾《邏輯典範》已在香港出版。吾即著手醞釀《認識心之批判》。撰寫之餘，不免藉酒色以自娛。生命極蕭瑟。幸賴有此工作以凝聚內心之靈臺，否則全散矣。靈臺孤運，無陪襯，無滋潤，無外在之修飾，無禮法之整飾。現實自然生命一任其氾濫。人不理我，我不理人。心靈投於抽象之思考，自然生命則下墜而投於醇酒婦人。個體破裂之象由此開其端。普遍性與特殊性趨於兩極化，此之謂個體性之破裂。此是生命離其自己而以種種因緣促成之結果，亦是最痛苦之境地。整個時代在破裂，吾之

個體生命亦破裂。此是時代之悲劇，亦是吾之悲劇。世人憧憧不能知也。

　　大理民族文化書院不三年，因政治關係而解散。吾亦情至義盡，與國社黨之關係從此終止。（後改為民社黨，吾即正式退出。）吾返重慶北碚金剛碑勉仁書院依熊師。勉仁書院為梁漱溟先生所籌設。熊師處其中，吾則間接依附也。勉仁諸君子對熊師亦大都執弟子禮。然精神氣脈則親於梁而遠於熊。吾與梁先生始終不相諧。吾雖敬佩其人，而不相契。遠在民廿五年秋，吾由廣州返北平。熊師商諸梁先生，欲其月供生活費。梁則答應而有條件：一須至山東鄒平住相當時日（其鄉村建設研究院在鄒平）；二須讀人生哲學；三須不是政治利用。吾聞之反感立生，梁先生以聖哲自居，何故出此鄙言。熊師勉以少忍，可去鄒平一看。吾即乘回家之便，過鄒平。翌日晨，晤梁先生。問曰：「來此已參觀否？」曰：「已參觀矣。」「汝見云何？」曰：「只此不夠。」彼勃然變色，曰：「云何不夠。汝只觀表面事業，不足以知其底蘊。汝不虛心也。」吾曰：「如事業不足為憑，則即無從判斷。」三問三答，不辭而別。吾由此知此人之氣質與造詣。吾嘗以八字評之：「鍥入有餘，透脫不足。」自此睽隔，終無由得通。吾茲間接依附其中，精神亦極不安。勉仁諸君子視梁若聖人，吾益起反感。彼等於梁五十生慶，集文頌揚，吾以不解相辭，彼等函梁謂勉仁書院一切須待梁主持。熊師知之，亦不樂。時梁在港從事政治活動，太平洋戰爭爆發，香港淪陷，梁乘帆船於驚濤駭浪中渡至澳門。彼函其子述此段經過，甚自負。

有云:「吾不能死,吾若死,歷史必倒轉,尚有若干書,當世無人能寫。」(大意如此,其語氣比此還甚。)熊師見之,移書讓之,謂其發瘋。彼覆書謂:「狂則有之,瘋則未也。」種種不愉快,釀成熊師脾氣爆發,大罵勉仁諸君子。然發後亦無事,即梁先生究亦是克己守禮之君子,與俗輩不同也。其年秋,吾至成都華西大學任哲史系講師。此為吾正式獨立講學之開始。時為民國卅一年也。

念自廣西以來,昆明一年,重慶一年,大理二年,北碚一年,此五年間為吾最困扼之時,亦為抗戰最艱苦之時。國家之艱苦,吾個人之遭遇,在在皆足以使吾正視生命,從「非存在的」抽象領域,打落到「存在的」具體領域。熊師的那原始生命之光輝與風姿,家國天下族類之感之強烈,實開吾生命之源而永有所嚮往而不至退墮之重大緣會。吾於此實體會了慧命之相續。熊師之生命實即一有光輝之慧命。當今之世,唯彼一人能直通黃帝堯舜以來之大生命而不隔。此大生命是民族生命與文化生命之合一。他是直頂著華族文化生命觀念方向所開闢的人生宇宙之本源而抒發其義理與情感。他的學問直下是人生的,同時也是宇宙的。這兩者原是一下子衝破而不分。只有他那大才與生命之原始,始能如此透頂。這點倒是近乎《中庸》、《易傳》的思想。若順西方哲學的路數,自科學知識成立後,經過康德的批評哲學,則宇宙論即不能孤離地講。必須通過「如何可能」的追問,自「主體」以契之。如是,宇宙論必有認識論為其根據,因而自宇宙論以至人生,與自人生論以通宇宙,遂判分而為理路上之兩來

往，而以「從宇宙論說下來」，為非批判的。熊師的學問，在某義上，有「從宇宙論說下來」的傾向。故一方既可使人想到為「非批判的」，一方又可使人想到為玄談為光景。然吾仔細一想，此不是熊師學問的真相。吾人看伏羲、孔子、孟子、《中庸》、《易傳》，可不經過科學知識之成立，批判哲學之出現那個路數，所分判的「從宇宙說下來」與「從人生說上去」那兩個來往的對立，而看之。這兩個來往，在原始儒家是一下子同時呈現的，既不隔，亦不對立。無論從哪一面說，都是通著彼面的，而且亦是了然於彼面的。既不是外在猜測的，先隨意建立宇宙論，如希臘早期自然哲學家之所為，亦不是從認識論上摸索著以前進，如經過科學知識之成立，批判哲學之出現者之所為。摸索著以前進，對於宇宙人生之本源是不透的；外在的，猜測的，隨意建立的宇宙論，是無根的。這是西方的路數，中國儒家講學不是這樣。它直下是人生的，同時也是宇宙的，所以本源是一，而且同是德性意義價值意義的。因此，從宇宙方面說，這本源不是無根的、隨意猜測的，這是直接由我的德性實踐作見證的。同時從人生方面說，這德性意義價值意義的本源，也不是局限而通不出去的，故性與天道一時同證。一透全透，真實無妄。無論從宇宙說下來，如《中庸》與《易傳》，或是從人生說上去，如孟子，皆是兩面不隔的，亦不是不接頭的。故不可像西方哲學那樣，視作對立的兩個途徑。對於熊師的學問亦當如此觀。這只是有「原始生命」、「原始靈感」的人，才能如此。這不是知解摸索的事，而是直下證悟感受的事。若說證悟感受是主觀的，

但在這裡，主觀的，亦是客觀的。這是創造之源，價值之源，人生根底的事，不是知識的事，熊師學問最原始的意義還是在這一點。這是打開天窗，直透九霄的靈感。在這一點上，說一句亦可，說許多句亦可。在說許多句上，牽涉時下知識學問時，容或有不甚妥貼處，但若不當作問題或技術上的事看，則無論如何，皆足啟發。因他本不是由處理問題，理論辨解，層層逼上去的。我所感受於熊師者唯此為親切。故我說他是一個有光輝的慧命。這是最足以提撕人而使人昂首天外的。此之謂大開大合。惟大開大合者，能通華族慧命而不隔。在以往孔孟能之，王船山能之，在今日，則熊師能之。

　　何以說在今日，惟熊師能之？說起來，令人感慨萬端。吾豈獨尊吾師哉？接通慧命是一縱貫的意識。但是只著眼於歷史之陳跡或過往之事件者，則並接通不了慧命，甚至根本不知有慧命這會事，他們也不承認「慧命」這個詞有意義。如今之治歷史者，專以考據歷史之跡為能事，而且專以考據為史學，史學要排除任何程度的解析，如是者雖曰治歷史，而並無歷史意識，亦更無文化意識。如司馬遷所說「究天人之際，通古今之變」，這種縱貫，方始真有歷史意識與文化意識者，如是方是真能由歷史之考究而接通慧命者。然而如今之治史者，則根本視「天人之際」為玄學，為胡說，根本不在考慮中。既不能究天人之際，當然亦不能通古今之變。因為所謂「通」者，必是在「事件」以外，能滲透引發這事件與貫穿這事件的「精神實體」，而此精神實體卻即在「天人之際」處顯。所謂究天人之際即在透顯精神實體而深明乎精神

發展之脈絡。這就是接上慧命了。然而今之治史者，卻視此等事為根本在其所謂史學以外者。所以今之治史者，其頭腦皆成無色者，其心靈皆成光板者，無性無情，無仁無義，只印上一些事件之黑點。此之謂科學方法之用於史。其結果是治史者不懂史，成為歷史意識文化意識之斷滅，成為慧命之斬絕。雖曰縱貫，實是橫列。他們把歷史事件化、量化、空間化，哪裡還有縱貫？這是休謨哲學之用於史。

但是憤世疾俗，擇陳跡而固執之，雖亦是著眼於事件，然卻是有文化意識者，雖不必有歷史意識，亦不必能接通慧命。此種人只可說因憤世疾俗而流於固執不通，然狷介有守，亦是可貴。此如辜鴻銘之留髮辮，夏靈峯之服古衣冠。蓋固執陳跡亦有其象徵的意義。此與研究歷史者之只注意事件不同。故今之治史者無文化意識，而此等人卻有文化意識也。推之，韓愈之「不塞不流，不止不行，人其人，火其書，廬其居」，雖亦從跡上截斷，然確有很強烈的文化意識，雖並不真能有歷史意識，亦並不真能接通慧命。後來孫泰山（明復）之闢佛亦主張只從衣冠上截斷，此亦是很強烈的文化意識。在此顯出風俗衣冠雖屬外部之末事，然亦具重大之防閑作用與象徵作用。故古國喬木，愛屋及烏，君子取焉。「蔽芾甘棠，勿翦勿伐，召伯所芨」，詩人詠焉。

不能通過歷史陳跡而直透華族文化生命之源，不得謂能接通華族之慧命。接不通慧命，不得謂為有本之學，其學亦不能大，不得謂為真實之中國人，其為中國人只是偶寄之習氣之存在。其偶寄之習氣之存在是中國的，而其意識觀念，

即其義理之性情一面，則是非中國的。非中國的，中國不受。但他亦不能即是真實之英國人、德國人或美國人，是則英美德法等亦不受也。此為不能作主之存在，夾縫中之存在，甚至為國際之遊魂。不能接通慧命，不能為真實之中國人，吾華族即不能自盡其民族之性而創制建國。一個不能自盡其民族之性而創制建國的民族，是棄才也。不能為真實之中國人，不能創制而建其國，亦不得貿然謂為天下人。或曰：何必為中國人？我直作世界人耳。此言雖大，實則「蕩」耳。此是國際遊魂，何得謂為世界人？未有割截其根而能大者，只是飄蕩耳。佛教徒，其為中國人是偶寄之習氣之存在，而其義理之性情一面，則是非中國的。即使是中國的佛學，如天台、華嚴、禪，亦只是中國的心習之範疇，而究不是中國的慧命。彼只個人修習解脫而已耳，不能為「作主之存在」。若反而薄孔孟，詆宋明儒，則其罪大矣。是必欲斬截中國人之根而皆令其飄蕩也。吾與內學院向無關係。吾前在重慶，見歐陽竟無先生一文大罵宋明儒，謂理學不滅，孔孟之道不彰。彼又有《中庸》、《大學》解，以佛言曲聖教。是不敢公然罵孔孟，而割截宋明儒之紹述，塗抹聖教以篡奪。彼等演變為一致之論調，實不只罵宋明儒，孟子亦在詆詆之內。不敢罵孔子，然必貶抑其地位，視之為儒童，安排之為第七地菩薩。吾見此種種怪象，大起反感。試問孔孟何負於中國？何負於人類？宋明儒何負於中國？何負於人類？汝輩佛弟子此種作為又何益於中國？何益於人類？挖其根而令炎黃子孫不得為作主之存在，而轉為夾縫中之存在，為偶寄飄蕩之存在，此將有何

功德之可言？故云其罪大矣。設真如爾所願，炎黃子孫亦真能悉令入無餘涅槃而滅度之，則該時汝遭遇盡倫盡制之問題否？遭遇設制建國以自存否？國亡族滅，為奴為役，吾想汝等亦不能安也。那時設若汝真作主而正視之，則將無憾於孔孟矣，無憾於盡心盡性盡倫盡制之教矣。將感謝之不暇，痛悔之不暇。今有孔孟作主，令汝等在旁有事可作，有風涼話可說，忘其所以，反噬此骨幹以自毀，此豈得為真有悲情者乎？亦肆無忌憚而已矣。

　　佛教徒根本無歷史文化意識，亦根本不能正視人文世界。萬念俱灰，唯求出離。至耶教徒，則亦過人間生活者。然衍至今日，仍不免予人以「二毛子」之印象。於此中亦求不出一真實之中國人，彼等之為中國人亦只是偶寄之習氣之存在。彼等之觀念是摩西、耶和華、彌賽亞、基督、約翰、耶穌。這些觀念塞滿心中，自不能通華族文化生命之源。彼之浮層意識已全成隔絕。其不隔絕者，只是不自覺之下意識習氣之餘波耳。彼等不得以「宗教為普世」以自解。科學無國界，無種色，宗教不能無國界，無種色。宗教是一民族文化生命之最深處、最根源處之表現，亦是一文化生命之慧命之最高表現。吾華族有最獨特最根源之慧命，不於此而討安身立命，立宗定教，以自肯其大信，割截其根而從摩西耶和華猶太民族之歷史，以數人家珍，是自卑自賤而甘於為國際遊魂隨風而飄蕩者也。

　　夫以中國知識分子皆歧出而乖離，真可謂闃其室，無人矣。誰是炎黃之子孫？誰是真實之中國人？誰來給華族與中

原河山作主人？有誰能直通黃帝堯舜以來之大生命而不隔？皆陷落於軀殼、習氣，窒息以死，而為行屍走肉，為偶寄之存在。生命已不暢通矣。而自五四以來，復假借科學與民主以自毀其根，自塞其源，是則本窒息不通而益增其睽隔也。未有生命不通而可以有所建樹以自立者。歧出乖離，東倒西歪，顛倒久之，而有共黨之魔道。華族至是乃徹底死矣。絕途逢生，非直通文化生命之本源，不能立大信、昭慧命。夫如是，吾焉得不獨尊吾熊師。夫一民族衍變既久，積習既深，若復順其習而下委，則只成一團習氣之墮性。稍有文物度數之沾溉者，則又沾著於陳跡而玩物喪志，不能通文化生命之源也。呫嗶吟哦於詩詞典籍者，則又習焉而不察，徒為其粘牙嚼舌之資具。有終生讀中國典籍而與其生命無交涉者。稍有穎悟者，亦能就眼前積習風光而略得旨趣，然而不能深入底蘊而通文化生命之源也。此為感性之欣趣，而非思想慧命、德性光輝之遙契。又有較為穎悟者，亦能稍通義理之源，然而淺嘗捷取，不能資之深而左右逢源也。此如淤滯麻木者，藥力不足，只略一開啟而復閉塞，未能周身暢通也。又如溯流而上者，只溯至半途而止，未能直通其源而綜覽在胸也。又如千條萬緒，百川歸海，然而淺嘗捷取者，則只理得一條半緒，未能洞澈光明之源，故不能「大德敦化」也。此皆為積習所限，不能撥陳跡而通慧命，故不能開拓變化，為民族生命立道路。此非有大才大智大信，強烈之原始生命，固難語於華族之慧命也。然則當今之世，未有如熊師者也。

五十九年《中國學人》創刊號

王陽明學行簡述

　　陽明學之詳細內容，吾曾言之於《王陽明致良知教》一書中（中央文物供應社出版）。今再就《陽明全書》中之年譜，將其學行發展之大關節，述之以為青年立志之楷模，並兼為了解陽明學之入門。

一、為第一等事，作第一等人

　　年譜記云，先生於十一歲時，「嘗問塾師曰：何為第一等事？塾師曰：惟讀書登第耳。先生疑曰：登第恐未為第一等事。或讀書學聖賢耳。龍山公（陽明先生之父）聞之，笑曰：汝欲做聖賢耶？」

　　案：孔子十有五而志於學，今陽明十一歲，忽然靈光爆破，即憧憬學聖賢。陽明說此話時，不必真有立志之意，然靈光爆破，衝口而出，即已見非凡。吾茲所欲說者，聖人、

人倫之至。學聖賢乃成德之事。人要作第一等人,為第一等事。此在古人講學,乃一普遍之意識。宗教家名曰重生。學聖賢,就要重生。重生始能作第一等人。不重生,無論權位如何高,不能算做第一等人。美國有所謂第一夫人,此非陽明所謂第一也。近人求學,受教育,是想成科學家、哲學家、藝術家,總之,是想成專家,取得某某學位,這是知識技能一邊事。這是現代人求學問的普遍意識。但是很少有能知道陽明所說的第一等人,第一等事。讀書學聖賢,作第一等人,這種觀念幾乎完全消失,完全非近代人的意識所能把握。假若聽見這種觀念,必以為不是一清楚之觀念。然在古人,則是一普遍之意識。故雖在幼童,亦可以靈光爆破,接觸及之。而青年立志,亦常以此為志。茲除陽明外,再以羅近溪(陽明的後學,屬明儒泰州學派)為例,便可明白。羅氏自謂:

> 不肖幼學時,與族兄問一親長疾。此親長亦有些志況,頗饒富,凡事如意。逮問疾時,疾已亟。見予弟兄,數嘆氣。予歸途,謂族兄曰:某俱如意,胡為數嘆氣?兄試謂我兄弟讀書而及第,仕宦而作相,臨終時還有氣嘆否?族兄曰:誠恐不免。予曰:如此,我輩須尋個不嘆氣的事做。予于斯時,便立定志了。(《盱壇直詮》)

羅近溪所謂「不嘆氣的事」即陽明所謂「第一等事」。及第、作相,俱不是第一等事,亦俱不是可以令人「不嘆氣的事」。

所以第一等事，第一等人，須從孟子所說的「天爵」作起，決不是指孟子所說的「人爵」而言。此須徹底予以了解，方可說立志。

二、三變而至於道

《明儒學案》中黃宗羲記云：

> 先生之學，始泛濫于詞章。繼而徧讀考亭之書，循序格物。顧物理吾心，終判為二，無所得入。於是，出入于佛老者久之。及至居夷處困，動心忍性，因念聖人處此，更有何道？忽悟格物致知之旨。聖人之道，吾性具足，不假外求。其學凡三變而始得其門。

案：此所謂三變是「得其門」前之發展階段。「得其門」，又有三變，俟下段述之。

作聖賢並不是一句空話，要落實作去，全靠自己心悟。這全是內心生活的事。從何處用心下手呢？這不是處理一件事，亦並無外在的成規可資持循。所以在生命憤發向上的過程中，必有極端煩悶困惑之時。尤其生命強的人，內心生活強的人，在未得到歸宿之時，必東倒西歪，紛馳雜流，任何事足以吸之，任何事亦不足以安之。所謂煩悶困惑，即是極度的不安。一般人安於一件事或一種職業以繫其身，這不是對於精神生活有強烈要求的人所能安。依作聖賢言，這全是

習氣或氣質的膠著。一般人安於習氣膠著中而無超拔的覺悟，此其所以為凡人也。

宋儒講學即在求如何成聖成賢。其中之大流，是程朱一路。程朱提供出一義理之規模，為一般修學者所遵循。然陽明即於此起一大疑竇，在其生命中形成一大煩悶。與一大賢所提供之規模相接觸而生大疑，成大煩悶，這其中必有原故：或由於自己尚未了徹，或由於該規模本身有問題，或由於自己之生命氣質有特殊之絪縕而總不能與之相契，而將有特殊之表現，將開創一新局。此一疑竇與煩悶是陽明生命史中一件大事。吾人必須深切注意。不疑則不悟，大疑則大悟。「疑」不是外在的理智的遊戲，而是內在的生命上的事。能形成一大疑，即預期將來一大悟。其將開創一新局，可以說是其生命憤發向上中所必然要到達的。試看年譜所記。

先生於二十一歲時，「為宋儒格物之學。……徧求考亭（朱子）遺書讀之。一日，思先儒謂眾物必有表裡精麄，一草一木，皆涵至理。官署中多竹，即取竹格之。沉思其理不得。遂遇疾。先生自委聖賢有分。乃隨世就辭章之學。」此是第一次遵守朱子格物之說以窮理，結果不通而病。此時在陽明或未能覺識到其病源何在：在朱子之說有問題呢？抑在自己不懂呢？他不能斷定。然在吾人今日，則可說這是他生命上首次未能與朱子之說絲絲入扣而相契，必是他生命上有一種他所不自覺的特殊的醞釀在蠢動，以期將來之凸現。然在未悟出頭緒前，不得其生命之坦途，生命不可遏住，即轉而就旁技雜流以奔馳。此即辭章一階段。

　　二十七歲時，「先生談養生。先生自念辭章藝能不足以通至道。求師友于天下，又不數遇。心持惶惑。一日讀晦翁〈上宋光宗疏〉有日：居敬持志，為讀書之本；循序致精，為讀書之法。乃悔前日探討雖博，而未嘗循序以致精，宜無所得。又循其序，思得漸漬洽浹。然物理吾心，終若判而為二也。沉鬱既久，舊疾復作。益委聖賢有分。偶聞道士談養生，遂有遺世入山之意。」

　　此為第二次再循朱子之說以前進，然結果仍無所得。在此次困頓中，彼仍是覺得自己不行，覺得「聖賢有分」，不是人人可以作得來的。然同時他亦約略覺識到其煩悶癥結之所在，不只是一種無名之煩悶而已，不只是其生命中一種特殊之醞釀而已。他可以形成一問題，即順朱子之路走，物理與吾心，終判而為二。此是其煩悶癥結之所在。醞釀到此，他才覺識到問題正在這裡。這何以使他成為一個大煩悶？物理與吾心之為一為二，不只是哲學思辨問題，更亦不是知識問題。在陽明看來，這是與作聖賢有關的問題。假若心與理為二，理在外物而不在吾心，則「即物窮理」（朱子語），格竹子，格草木，縱格得竹子草木之理來，與作聖賢有何關係？有何緊要？這才是大癥結所在，大煩悶所在。若只是知識問題，則易解決。若只是哲學思辨，理智遊戲，則能解決即解決，不能解決，即聽之而已，亦無關緊要。惟此是作人作聖的問題，性命交關的問題。若意在作人作聖，而向外求理正與作人作聖無關，則一切工夫豈不白費？這裡面有一種「不相應」存在。此其所以為煩悶。然他不能解答此問題，他尚

未悟到心與理如何能一，他的生命尚不能滲透那隱藏甚深的宇宙人生之奧祕，這個紅輪尚未從他的生命之海底裡湧現出來。那就是說，他尚沒有開悟到作人作聖之本源。他也不能斷定朱子一定不對。因為他自己的「是」尚不清楚。所以他還是覺得聖賢原是有分的，不是人人可以為的。「沉鬱既久，舊疾復作。」於是，轉而學道，談養生，有遺世入山之意。此即出入佛老一階段。

但在三十一歲時，他漸悟釋老之非。年譜記云：

> 築室陽明洞中，行導引術。久之，遂先知。一日坐洞中，友人王思輿等四人來訪，方出五雲門，先生即命僕迎之，且歷語其來蹟。僕遇諸途，與語，良合。眾驚異，以為得道。久之，悟曰：此簸弄精神，非道也。又屏去。已而靜久，思離世遠去。惟祖母岑與龍山公在念。因循未決。久之，又忽悟曰：此念生于孩提。此念可去，是斷滅種性矣。明年，遂移疾錢塘西湖。復思用世。往來南屏虎跑諸剎。有禪僧坐關，三年不語不視。先生喝之曰：這和尚終日口巴巴說什麼，終日眼睜睜看什麼。僧驚起。即開視對語。先生問其家，對曰：有母在。曰：起念否？對曰：不能不起。先生即指愛親本性諭之。僧涕泣謝。明日問之，僧已去矣。

案：此段所述，悟道家之非，曰：「此簸弄精神，非道也。」案簸弄精神，玩弄光景，氣魄承當（非義理承當），皆

當時講學鑒別真偽之重要話頭。皆非真道實理也。其悟佛家之非，則曰：「此念可去，是斷滅種性矣。」孝弟之念是最後真實真理之所在。此處直須直下肯定，直下承當，決不能繞出去用任何曲說以撥無之。若說真實，這裡就是真實。若說高明奧妙，這裡就是高明奧妙。離開此一步而繞出去，不能有任何真實、高明奧妙之可言。故曰：「孝弟也者，其為仁之本與？」儒家立教，四無傍依，直握住真實，開而出之，沛然莫之能禦。孝弟親親只是生活中一件事，然此一念實指點一至真至實之普遍仁體。這裡決不可以如幻如化之假象視之。如果此亦只是假象之世間法，則汝之「真如」之出世間法，更假不可言。仁體直須歸到自己身上來直下親證。若推出去作一個外在的法相看（作一個外在的事物或概念看），則直下便謂之為非人，謂失心。任何玄談，皆是曲說。故陽明直就一和尚之不能無「念母」之念而指點之，該和尚當下即醒轉過來。此決不能因生老病死諸法無常之苦諦而即撥無之。故程明道云：

> 立人之道曰仁與義。據今日合人道廢則是。今尚不廢者，猶只是有那些秉彝卒殄滅不得。以此思之，天壤間可謂孤立。其將誰告耶？

程子此言，是有感於當時談佛者之風靡。宋明諸大儒對於此點皆能深切著明，直下把握而肯定之，決不放鬆。此即所謂「天理」是也。宋明儒者惟因此點肯定始能復興儒學，抵禦

佛教。今日共黨以階級邪說而摧毀人倫人道,亦惟有直下肯
定此義而堅定自己,而醒轉沉淪。此為斷定共黨終必覆亡之
最後根據。陽明悟釋老之非,即示其心思已直接歸於此仁體
而直下承當,決不搖動矣。此是作人作聖之大本源。此義既
得,則其讀朱子而成之「物理吾心終判為二」之大疑團大煩
悶,已屆徹底解決之時矣。惟此須有一大開悟,而大開悟必
賴一大機緣。此即其三十七歲在貴州龍場驛之動心忍性。

年譜記云:

> 龍場在貴州西北萬山叢棘中。蛇虺魍魎蠱毒瘴癘與居,
> 夷人鴃舌難語。可通語者,皆中土亡命。舊無居,始
> 教之範土架木以居。時瑾(劉瑾)憾未已。自計得失
> 榮辱皆能超脫,惟生死一念,尚覺未化。乃為石墎自
> 誓曰:吾惟俟命而已。日夜端居澄默,以求靜一。久
> 之,胸中灑灑,而從者皆病。自析薪取水,作糜飼之。
> 又恐其懷抑鬱,則與歌詩。又不悅,復調越曲,雜以
> 詼笑,始能忘其為疾病夷狄患難也。因念聖人處此,
> 更有何道?忽中夜大悟格物致知之旨,寤寐中若有人
> 語之者,不覺呼躍,從者皆驚。始知聖人之道,吾性
> 自足,向之求理于事物者誤也。乃以默記五經之言證
> 之,莫不脗合。

這是陽明一生所受的瀕臨生死邊緣的大挫折。故孟子說:

天將降大任于是人也，必先苦其心志，勞其筋骨，餓
其體膚，空乏其身，行拂亂其所為，所以動心忍性，
增益其所不能。

人到絕途，方能重生。必現實的一切，都被敲碎，一無所有，
然後「海底湧紅輪」，一個「普遍的精神實體」始徹底呈現。
此之謂大開悟。得失榮辱，甚至生命，都被迫放棄，不在念
中，亦無法在念中，然後得真歸依。此即陽明自誓曰：「吾惟
俟命而已。」此時之「俟命」乃表示落於膠漆盆中堅持得失
榮辱乃至生死之「意志」之否定。這些全否定，剝落淨盡，
即孟子所謂「空乏其身」。蓋這些膠著，都是現實的，都可以
說是屬於「身」的。身不空乏，心不充實，而一體之仁心真
心，即所謂普遍的精神實體者，亦不能呈現。吾人必如此了
解陽明的開悟以及其所說之良知，然後方可以得其真實意義
與作用，而不落於口頭之浮辭。吾人處於此受苦難之大時代，
國破家亡，親戚骨肉以及無辜之同胞遭受非人之戮辱，自己
個人雖得逃出魔掌，然一切如同身受，一切都歸無有。如在
這裡能直下覺悟，開出新生命，一切以義理擔當，不要以氣
魄擔當，則陽明所說之一切，皆不啻吾人今日之注腳。若自
己身尚不空，以為繫有一切，膠著現實，利欲薰心，私意內
執，私智穿鑿，則雖日言良知，亦決不是陽明所說之良知。
良知，一體之仁心真心，必經過大剝落後之大開悟，而後證
現。在此大剝落後之大開悟中所印證者，自始即無人我之界、
物我之限，頓時即涵蓋乾坤而為人生宇宙大本，此即一體之

仁心真心，陽明〈詠良知〉詩所謂「無聲無臭獨知時，此是乾坤萬有基」也。此而既得，則物理吾心，向之判而為二者，自然歸一。所謂「忽中夜大悟格物致知之旨」者，即覺到須本此而言格物致知也，非以即物而窮其理以致知也。故云：「聖人之道，吾性自足，向之求理于事物者誤也。」吾人須知，此所悟者，非《大學》本文事，非講書事，乃是全體大用之新義理系統之事。此即所謂「三變而始得其門」之最後一階段也。初為辭章，次為佛老，最終則心與理一，歸宗於儒。

三、再三變而至圓成

黃宗羲復繼上言三變而云：

自此之後，盡去枝葉，一意本原。以默坐澄心為學的。有未發之中，始能有發而中節之和。視聽言動，大率以收斂為主。發散是不得已。江右以後，專提致良知三字。默不假坐，心不待澄，不習不慮，出之自有天則。蓋良知即是未發之中，此知之前，更無未發。良知即是中節之和，此知之後，更無已發。此知自能收斂，不須更主于收斂。此知自能發散，不須更期于發散。收斂者，感之體，靜而動也。發散者，寂之用，動而靜也。知之真切篤實處即是行，行之明覺精察處即是知，無有二也。居越以後，所操益熟，所得益化。

時時知是知非，時時無是無非。開口即得本心，更無
假借湊泊。如赤日當空，而萬象畢照。是學成之後，
又有此三變也。

　　此學成之後之三變與以前三變不同。此只是一根之發展，
一系統之完成。惟於工夫上有困勉與純熟之別而已。非於義
理骨幹有改變也。例如大悟後，以默坐澄心為學的，主於收
斂，發散是不得已。此便是初期的涵養省察工夫。譬如一人，
大病之後，初復元氣，不能不珍攝保養。此就是收斂之意。
這與健旺之人，衷氣充沛者，不同。充沛者，收斂發散，皆
從容自如，游刃有餘。但初復元氣之人，於收斂發散之間，
即不能不有所戒慎。故主於收斂，發散是不得已。蓋收斂，
意在恢復本心，涵養真體，此處把得緊，發散始可不差謬。
故云：「有未發之中，始能有發而中節之和。」收斂涵養即含
省察。默坐澄心，認識何者是真我，何者是假我。將真我端
得正，則習氣私欲之假我即被對照出，此即省察也。故在收
斂回向之中，自覺地有一步主客體分裂之工夫。此為第一階
段必經之工夫，若不經此工夫，一味混雜，不辨真偽，生活
於習心物氣之中，則真體不露，混沌而已，此不得云主客體
之圓融。
　　江右以後，專提「致良知」三字。此階段是陽明事業學
問俱在鼎盛之時。自四十五歲起，陞都察院左僉都御史，巡
撫南贛汀漳等處，四十六歲至贛，平諸寇，四十八歲在江西
擒宸濠，四十九歲遭遇張忠許泰諸佞倖之讒忌，直至五十歲，

仍在江西，始揭「致良知」之教。此五年間，最艱鉅之事業
為平宸濠之叛，而軍旅之中講學不輟。至五十歲時始揭「致
良知」之教，不過云此年正式提為口訣，成立宗旨，非云此
年始講良知與致良知也。在此五年間，一方講學，一方成事
功，真所謂事上磨練矣。故工夫造詣已超過第一階段之默坐
澄心而至成熟之階段。故云：「默不假坐，心不待澄，不習不
慮，出之自有天則。」此即收斂與發散圓融而為一，已克服
主客體分裂對立之境矣。「良知即是未發之中，此知之前，更
無未發。良知即是中節之和，此知之後，更無已發。」良知
本身固是如此，然工夫亦必至純熟之境始能相應良知之自性
而為「自有天則」之流行。講學不已，是提撕警覺。事上磨
練，故深切著明。熟則真熟，透則真透。

　　「居越以後，所操益熟，所得益化。」此指自五十一歲
至五十六歲一階段而言。蓋已臻天理流行，純熟化境。五十
六歲至廣西征思田，至五十七歲十一月歸途中卒於南安。故
可云晚年境界也。

　　統觀陽明一生，以聖賢學問為主，以事業為副。處理事
業，以成事功，是一種藝術。非有構造綜合的心智，調節運
用的心智，決難措施得當。尤其兵凶戰危，非同小可。此尤
非戒慎恐懼，心地瑩徹，不為功。而構造綜合調節運用的心
智即是一種超越的心智，駕馭事業而上之，故為一虛靈之心，
涵蓋之心，此非洞見本源，決難語此。本源瑩徹，自作主宰。
以全幅智勇以赴之，此之謂義理擔當，非氣魄擔當，亦非偶
發於天資本能之一時聰明所可語此。故《易》曰：「貞固足以

幹事。」貞固即義理擔當也。當其赴江西平寇時,「王思輿語
季本(彭山)曰:陽明此行,必立事功。本曰:何以知之?
曰:吾觸之不動矣。」(年譜)義理擔當,觸之不動,非剛愎
執扭之不動也。世之講良知者須於此三致意焉。年譜記云:

> 自經宸濠忠(張忠)泰(許泰)之變,益信良知真足
> 以忘患難出生死。所謂考三王,建天地,質鬼神,俟
> 後聖,無弗同者。乃遺書守益(鄒東廓)曰:近來信
> 得致良知三字,真聖門正法眼藏。往年尚疑未盡。今
> 自多事以來,只此良知無不具足。譬之操舟得舵,平
> 瀾淺瀨,無不如意。雖遇顛風逆浪,舵柄在手,可免
> 沒溺之患矣。

年譜又引陽明之言曰:

> 某於此良知之說,從百死千難中得來。不得已與人一
> 口說盡。只恐學者得之容易,把作一種光景玩弄,不
> 實落用功,負此知耳。

言良知須大悟,致良知須篤行。不經大疑大悶,不能徹悟本
體,良知非習氣中之直覺本能也。不落於身上切實體驗,則
只玩弄光景,不足以作為人格建立道德實踐之原則。故陽明
於五十六歲赴廣西途中,至吉安,大會士友於螺川驛中,有
曰:

良知之妙，真是周流六虛，變通不居。若假以文過飾
非，為害大矣。

一般人未脫習氣之膠著，陷溺於私意私智之坑塹，而侈談良
知，其所謂良知只是意見，只是習氣中之直覺本能。此不但
有負此知，且亦有負陽明多多矣。

四十三年《幼獅月刊》

黑格爾與王船山

　　黑格爾與王船山相提並論，好像有點奇怪。實則他們兩人很有相似處。這兩位不同國度不同時代的大思想家，依照傳統的標準說，都不算是好的哲學家，而卻都是好的歷史哲學家。

　　黑格爾的影響大極了。也因他的影響力而令人起反感。這不但是因為馬克思受他的影響而講唯物辯證法的緣故，也不但是因為他稍重視國家與全體遂令人聯想到希特勒的極權獨裁的緣故，而且我還可以指出這都是不相干的。因為馬克思雖受他的啟示而講辯證法，然既是唯物辯證法，則已與黑格爾所表現的辯證法根本不是一會事，又馬克思已徹底主張了唯物論，此又與黑格爾的學術精神風馬牛不相及。不能因為馬派的緣故，遂對黑格爾生反感。黑格爾影響了馬克思，馬克思亦受了他的影響。但兩人的思想內容，既絕然相反，這就不能有任何愛憎上的牽連。馬克思自是馬克思，黑格爾

自是黑格爾。好像李斯、韓非自是李斯、韓非，荀卿自是荀
卿。他們雖有師徒上的關係，然荀卿自是儒家，而韓、李自
是法家。子之於父，且有不相肖者，何況師徒？至於希特勒
的英雄主義式的極權獨裁，與其說是祖述黑格爾，勿寧說是
表現尼采。當希特勒披靡一世之時，已有人喊出「是尼采還
是基督」的呼聲，讓人們作一個徹底的抉擇。卻沒有人說：
「是黑格爾還是基督。」這可見希特勒的罪過，不能記在黑
格爾的賬上。不能因為希特勒的緣故而抹殺黑格爾的國家論。
作惡的人可以假借任何東西來作惡。極權自是極權，國家自
是國家。豈便黑氏的國家論便有助於極權，拉斯基的國家論
便如理如量？豈便黑氏的國家論便有助於極權，而厭惡希特
勒的緣故，遂並國家而厭惡，絕口不敢講國家者，便無流弊？
（實則此種態度的流弊更大）無論如何，黑氏講國家，是從
精神表現價值實現上講，是一個道德理性上的概念，文化上
的概念，而不是種族優秀，人種優秀的生物學上的概念，尼
采講優秀，講新貴族，是生物學的概念，而希特勒的種族主
義正合尼采的精神，不是黑格爾的精神。復次，黑格爾講國
家，國家是一個有機的統一體，其自身固是一個整全（全
體），然此整全，此有機的統一體，不是生物學上的有機體，
而是文化上精神上的一個整全，一個有機統一體。此整全，
此有機的統一體，是賴各個體的自覺而顯其個性，各個體有
其真實的存在，而重新組織起來的整全或統一。他這種講法
是在消融個體性與普遍性的對立，而使之各有其真實的意義。
此義，英國的黑格爾學派尚能知之。如鮑桑奎 (Bosonquent)

即說：

　　非批判的個人主義一轉即為暴民政治或極權專制。

這顯然是說，非批判的個人主義只有現實的自私的特殊性，
而無理性上的正義上的普遍性，故個體性亦無真實的意義。
黑氏派關於此問題顯然是想經由對於個人主義的批判而透露
普遍性，一方救住個性，使個體有其真實的意義，成為一真
實的存在，一方救住普遍性，使理性、理想、正義、組織、
全體等為可能，即亦有其真實的意義，成為一真實的整全或
統一，而不只是虛浮無根的，或貧乏無內容的，只是武力硬
壓下來的整全或統一。此無論如何，不能歪曲，說此種理論
是抹殺個性自由，助長極權。但是卻有人偏把鮑桑奎那句話
曲解為助長極權。此豈是虛心明理平情之論？以上就黑氏國
家論，略說兩點，以明與希特勒極權獨裁完全無關。

　　然則對黑格爾起反感的主要關鍵在何處？曰：這四五十
年來的學風根本是經驗主義，實證主義，唯名論，多元論，
這種落下來的精神在支配。在這種精神的支配下，對於提升
上去講原理，講本源，講「普遍的精神實體」的學問，根本
不能相契。故一看見黑格爾那種天羅地網式的大系統，根本
就起反感，連了解也不想去了解。這不能完全歸咎於黑格爾，
也當反省自己何故必自封於塵下。但我在這裡，願意說說黑
氏本人的毛病，以及其自己造成的煙幕。

　　黑格爾的學問，一言以蔽之，曰「辯證的綜合」。辯證表

示在精神表現過程中義理的滋生與發展。藉此動態的發展，將一切連貫於一起，而成一無所不及之大系統，故曰綜合。然辯證的綜合必有分解作底子。分解，或為經驗的分解，或為邏輯的分解，或如康德之超越的分解。此則必須層層具備者。分解所以標舉事實，彰顯原理，釐清分際，界劃眉目。故哲學的思考活動常以此為主要工作。但黑格爾在此方面的注意與貢獻卻甚少。他直接以辯證的綜合出之。故讀其純哲學方面的書者，覺其所言好像是一個無眉目無異質的混沌在那裡滾，如滾雪球，愈滾愈大，而且只是同質地滾，故讀一頁可以預知其未來之一切，讀竟全書，亦只是一個方式。這只是耍把戲。此病在他的《大邏輯學》中尤顯。在這裡，他亦表現了辯證的滋生發展的思考方式。然辯證必須落於具體，有異質的成分。他卻只從那個「絕對的有」(absolute being)，「空無的有」(empty being) 自身起辯證，展轉往下滾，故為同質地滾，好像耍把戲。故讀此書者很少不起反感的。在讀的過程中，覺其說得津津有味，引人入勝，而且亦甚具那辯證的強度的力量，使人振奮。然而掩卷一思，爽然若失，茫然不知其意義之何所在。他全無入路，分際與眉目：直接從「絕對的有」往下滾。其病不在辯證法本身，而在使用或表現辯證的地處。他的目的固在想把各種學問領域的基本概念（範疇）都給引生出來，而且在有機的發展中都給連貫統一起來。然而他這種表現的方式卻實在不可取。他是直接滾的方式。基本概念的講明以及其連貫與統一，都必須有分解的根據，亦必須取間接的方式。若非對於哲學的全部境界及問

題有相當的透澈，直接來這一套，實在是個悶葫蘆。故在中國（實不只中國），近數十年來，實在無人能受用這部學問。在大學哲學系裡，先生不能講，學生不能聽。所謂不能講，並非不能照字面說，乃實不能受用它的意義。所謂不能聽，一個青年亦實在無法接近這一套。然而黑格爾卻究竟是個大哲學家，哲學系裡總須有關於他的學問的課程。而講他的哲學的卻偏偏喜歡從他的《大邏輯學》講起。實則講黑氏，了解黑氏，根本不能從這裡起，從這裡入。而且我感覺到他這一部分恐怕要廢棄，要死亡。

　　他缺乏對於分解的注意與貢獻，所以依照哲學的傳統說，他不是個好的哲學家，雖然他的心胸識量很少有能超過他的，甚至我們說他實超過以往的任何大哲學家。他和柏拉圖、亞里士多德、聖多馬、康德、來布尼茲、羅素等人，為不同類型。這些人都很清楚、清明，都是走的分解的路子，不管是什麼分解。所以這些人的學問都可以講，可以學，可以接近。惟獨黑格爾的「辯證的綜合」之在純哲學方面的表現卻失敗，令人無法接近相從。但是何以說他的心胸識量（解悟智慧）超過以往的任何大哲學家呢？這就因為他尚有關於「具體」的哲學，他的「辯證的綜合」尚有在具體方面的表現。我以為他在這方面的貢獻是不朽的，也在這方面見出他的識量解悟智慧實超過以往任何大哲學家，這就是他的關於歷史、國家、法律、藝術等方面的哲學，也就是整個人文世界方面的哲學。但是不幸，這方面的哲學不是西方哲學傳統的正支與主文。以往的哲學家對於這些方面雖並非無講說，然卻無精

采，亦無人能達到黑格爾那種講法。西方的哲學傳統是以邏輯思辨為方式，以形上學知識論的問題為對象，所以精采都在這方面表現，而不在人文世界中那些具體的或實際的哲學方面表現。當羅素講來布尼茲的哲學時，就說哲學愈遠離於實際愈好。實際方面的哲學，如關於道德、倫理、人生等方面的，在來氏本人固已暗淡無精采，在羅素本人則根本不喜歡講。最抽象的，最邏輯的那些問題，或最易接受抽象的思考，邏輯的思考的那些知識上的，邏輯上的，或形而上的問題，來布尼茲講的都好，羅素亦擅長（雖然他對形上學亦不喜）。此即所謂「愈遠離實際愈好」之意。此固就羅素與來布尼茲講，然派別雖不同，而西方哲學傳統的特性大體是如此的，羅素所言並不誤。所以學西方哲學的或讀哲學的，大體是純然理智的興趣，訓練抽象的思考，邏輯的辨解，甚至也喜歡遊心於玄談，馳神於形上的冥思，而獨不喜接觸人文世界的事。在中國方面，則比較喜歡老莊與佛學，因為這比較能滿足哲人的理智興趣與冥思玄想的興趣，而對於儒家與宋明理學，則很難接得上。（宋明理學已有理智興趣，已能冥思玄想，但因為是儒家，所以純然理智興趣的哲人便不喜。）所以關於人文世界，就像黑格爾以精神表現的立場，辯證綜合的方式，講得那樣波瀾壯闊，聲光四溢，也不能引起哲人的注意。正因為這是人文世界的，這是具體而實際的。哲人都是超人文非人文或反人文的。所以在大學哲學系裡，寧講授他的《大邏輯學》，而毫不能接觸到他的具體的哲學。又應知者，即使接近這方面，也有程度與學力的問題。老實說，

這方面的學問是中國所謂內聖外王之學，是大人之學的大學。
（從主方面說，是大學，從客方面說，是人文世界的學問，
不是自然世界的學問。）接近這方面並不是容易的，亦不是
純然理智興趣，邏輯思考，所能把握而相契的。再加上這四
五十年來經驗主義，實證主義，唯名論，多元論，這些表示
向下落的學風，那尤拉長了人們對於這方面的距離：根本不
相即。西方哲學傳統的本性，學哲學的人的本然興趣，以及
程度學力問題，近時學風問題，在在都使現在人們不易了解
黑氏關於人文世界的學問，而且又很容易使他們起反感。所
以講到人文世界，都是照社會科學的樣子去想（如政治學、
經濟學、法律學、社會學等等），進一步，講理論的，也只採
取拉斯基的立場，法國實證主義的立場，再不然，就是馬克
思的唯物史觀，列寧的國家論。總之，決不會正視黑格爾的
成就。用種種輕薄之詞、曲解之詞來詆詆他、譏笑他。這是
人的僻執自封呢？還是真理就止於此呢？

　　西方的哲學傳統是以邏輯思辨為方式，以形上學知識論
的問題為對象，這所用的人的智力是「抽象的解悟」
(abstract understanding)。然講歷史文化，甚至整個人文世界，
價值世界，則必須有「具體的解悟」(concrete understanding)。
而黑氏的「具體解悟力」實特強，可以說古今少有。普通社
會科學以及拉斯基等都是停在抽象的解悟上講人文世界。自
然科學則只能用抽象的解悟。不進到具體的解悟，不能說是
了解歷史，解析歷史。普通講歷史只是停在抽象的解悟上去
記憶考據排比整理。這說不上了解與解析。黑氏具體解悟力

特別強，故能精解歷史，乃至整個人文世界，價值世界。故依照西方哲學傳統說，他雖不是好的哲學家（因為他不表現抽象的解悟與分解的工夫），而卻是好的歷史哲學家。（一般讀歷史的人，以為黑氏用一個死的形式或一個哲學系統來硬套千變萬化的史實，故多荒誕。吾以為此言實是虛浮不相應的譏議。）假若他的邏輯學，尚有意義（雖是其表現方式為同質地滾），其意義必以其對於人文世界價值世界的解析為底子，實由此底子而蒸發出。他的深厚豐富而複雜的思想，如在邏輯學中而顯為無眉目，則其眉目必落在實際而具體的人文世界價值中始能清楚地被界劃出。是以在抽象的解悟中，愈離實際愈好，而在具體的解悟中，則愈歸於實際愈好。（我當然不反對抽象的解悟，更不反對分解的工夫。）

這情形同樣表現在王船山身上。

王船山這位偉大的思想家，他也是具體解悟力特別強的人。他雖然沒有像黑格爾表現為「辯證的綜合」那種系統性，但他比黑格爾為純正。他的傳統是孔孟以及宋明儒者的傳統，所以他在基本原理與立場上，純然是儒者德性之學的立場（黑格爾畢竟於內聖方面不足）。可是他與程朱陸王亦為不同類型者。程朱講理，陸王講心，門庭施設，義理規模，都極條理整然，可為後學之矩矱。這也就是說，他們都比較清楚明顯，也就是說，都含有分解的意味（當然是超越的分解）。惟王船山講性命天道是一個綜合的講法。他遍注群書，即藉注疏以發揮自己的思想。時有新穎透闢之論，時有精采可喜之言。但極難見出其系統上之必然性，也許都可為程朱陸王所已建

立之原理之所含。所以其自己系統之特殊眉目極不易整理。友人唐君毅先生曾極耐心地將其思想線索逐一講出，一曰性與天道論，二曰人道論，三曰文化論。共三篇，分見於《學原》雜誌第一卷第二、三、四期，第二卷第二期，以及第三卷第一期。此作對於王船山之了解，實有很大的貢獻。若通曉程朱陸王之所講，則知船山所言皆不悖於宋明儒之立場。有人把他往下拖，講成唯氣論，實大謬誤。他的思想路數，是繼承張橫渠的規模下來的。張橫渠的思想在某義上說，亦是綜合的，從乾坤大父母，氣化流行，講天道，講性命。這裡面也有理，也有氣，沒有像朱子那樣有分解的表現。船山即繼承此路而發展。他的才氣浩瀚，思想豐富，義理弘通。心、性、理、氣、才、情，貫通在一起講，故初學極不易把握。即在此意義上說，他不是好的哲學家。但他卻沒有像黑格爾《大邏輯學》那樣無眉目，同質地滾之毛病。

　　他不是好的哲學家，但與黑格爾一樣，同是好的歷史哲學家。其具體解悟力特別強，故其論歷史，亦古今無兩。他那綜合的心量，貫通的智慧，心性理氣才情一起表現的思路，落在歷史上，正好用得著。因為人之踐履而為歷史，也是心，也是性，也是理，也是氣，也是才，也是情，一起俱在歷史發展中鼇然呈現，而吾人亦正藉此鑒別出何為是，何為非，何為善，何為惡，何為正，何為邪，何為曲，何為直，何為上升，何為下降。故其豐富的思想，在純義理上不甚顯眉目，而一落在具體的歷史上，則分際鼇然劃清，條理整然不濫，立場卓然不移。由其遍注群書，見其心量之廣。由其心量之

廣，見其悲慧上下與天地同流，直通於古往今來之大生命而
為一。由其通於古往今來而為一，故能透過一連串的歷史事
象，而直見有一精神之實體在背後蕩漾著，故見歷史直為一
精神表現之發展史，因而歷史之每一步驟每一曲折，皆可得
而解，得而明。而是非、善惡、正邪、曲直、升降、隆汙，
亦隨時隨事得而判。力反佛老之生心害政，力闢墨翟、晏嬰、
管、商、申、韓之不可為治道，痛斥蘇軾之「以任情為率性」
之為邪說。凡此種種，俱見其思想之條理，義理之嚴整，絲
毫不差謬，俱因歷史而釐清。然他決不是歷史主義，現象主
義。乃確見到創造歷史之本原，據經以通變，會變以歸經。
他不像朱子之純然是道德判斷，然亦決不流於陳同甫「義利
雙行，王霸並用」之浮論。故其《讀通鑑論》末卷〈敍論〉
四有云：

> 其曰通者何也？君道在焉，國是在焉，民情在焉，邊
> 防在焉，臣誼在焉，臣節在焉，士之行己以無辱者在
> 焉，學之守正而不陂者在焉。雖扼窮獨處，而可以自
> 淑，可以誨人，可以知道而樂。故曰通也。引而申之，
> 是以有論。浚而求之，是以有論。博而證之，是以有
> 論。協而一之，是以有論。心得而可以資人之通，是
> 以有論。道無方，以位物于有方；道無體，以成事之
> 有體。鑑之者明，通之也廣，資之也深。人自取之，
> 而治身治世，肆應而不窮。抑豈曰：此所論者立一成
> 之侀而終古不易也哉？

黑格爾論史證明人類歷史並非無上帝，故曰歷史即是「神統紀」。而船山論史，則曰：「道無方，以位物于有方；道無體，以成事之有體。」是即史不離道，道即在史，雖無一成之例，而卻不能須臾離道。故曰：據經以通變，會變以歸經。如是，依中國之學問說，則船山正證明歷史乃「道統紀」。惟有具體之解悟，乃能直透「道德的精神實體」，而見歷史為精神表現之發展史。惟進到此境地，乃可以闢唯物史觀之邪謬。而只是對於史料之記憶、排比、考據、整理，作抽象之解悟者，不與焉。

我以上所說，對於黑格爾與王船山的學問內容，絲毫未有述及。本文的目的，只在請讀者注意以下兩點：

一、要想了解黑格爾關於人文世界價值世界的學問，必須先了解抽象的解悟與具體的解悟之絕然不同，先須有此心境的預備與注意，然後方可另換一幅心思以求接近。了解具體的解悟，方可了解黑氏所說的「具體的整全」(concrete whole)、「具體的普遍者」(concrete universals) 等詞之意義，以及他所表現的「辯證的綜合」之意義。（了解中國的內聖外王之學以及船山的史學，亦須如此。）

二、由具體的解悟提起歷史意識，文化意識，建立真正的歷史哲學，正視人文世界價值世界之真理，乃當今開闢生命理想之途徑以抵禦共魔之唯一法門。

四十三年《政論周刊》

論「凡存在即合理」

一

　　黑格爾有句話，說：「凡是存在的即是合理的。」此語大起誤解，易為人所詬病，而應用於歷史社會上，尤見毛病。此一句深一層的哲學上的話，與普通對於「既成事實」之承認，似乎有類似的意義。英國人承認中共，除其現實上的權衡利害外，亦可以此言為藉口。此不可以無辯。

　　黑氏之說此話，其原義是形而上學的。柏克萊主張「凡存在即被知」，此語的意思是說：「沒有一個既是現實的存在而又不在心覺的涵攝以內的。」他的辯論，開始固是從知識論上說，然而他這個主斷的究極成立實在是依據一個形而上的原則的，而他亦實在是推到這個立場為根據。從形而上學的立場說，不能不肯定一個「精神的實體」（即神心）。因此，

凡現實宇宙中的任何現實存在必為此精神的實體所貫注，因而亦即必為神心所涵攝，因此，遂成就「凡存在即被知」一主斷。

由「凡存在即被知」函著「凡存在即現實」，而由「凡存在即現實」即含著「凡現實即合理」。這是一串推理的發展。因為凡為精神的實體所貫注，必然為此實體中之「神理」所貫注。此是一個形而上的陳述。依西方正宗的哲學系統說，事物之「被知性」（亦曰觀念性），現實性，合理性，三者是合一的。上帝有兩種事物不能創造，亦即有兩種東西不能在神心的涵攝中，一是矛盾的東西，一是罪惡。因此，在現實宇宙中，凡是一個「有」，一個存在，都是正面的，積極的，都有它在神心中的意義與價值。哪怕是一草一木，一個蒼蠅，一個糞蛆，也是一個正面的「有」。凡自相矛盾的必歸於虛無（是零），自然世界中無罪惡。罪惡不是一個「有」。人間始有罪惡。而人間的罪惡亦只是善的缺乏，亦不是一個正面的存在。依此，「凡存在即合理」，原是一個形而上的陳述，是對現實宇宙的一體平鋪說，是就現實宇宙的「可理解性」而完成的。

但是應用於歷史社會上，則不能如此無曲折。黑格爾之歷史觀決不同於馬克思的唯物史觀。人間的集團實踐顯然有一個精神生命在後面蕩漾著，由此精神生命必然含著一個精神實體。整個人間的歷史，就是這個精神實體之曲折宛轉的發展史、實現史。在這種精神發展的歷史觀下，說「凡存在即合理」，是有其曲折的，我們對此語不能作直線的了解，亦

不能孤離地單看此一句本身的意義。本文願就此多說幾句。以上純哲學方面的形而上的陳述，則不必多說。

<h1 style="text-align:center">二</h1>

　　判斷歷史的是非可有兩種：一是道德的判斷，一是歷史的判斷。前者是一於理，直下以理之是非為是非。不對就是不對。罪惡無大小，一錯永錯。不管你的曲折原委與夫有什麼不得已。你所居的格是王道便是王道，是霸道便是霸道，是夷狄盜賊之邪道便是邪道，這是絲毫不能假借的。道德上的是非善惡，到緊要關頭，你個人毫不能有所推諉躲閃，旁人對你也毫不能有所原諒。「千古艱難惟一死，傷心豈獨息夫人。」這不得已三字不是一概可以用來推諉的。對個人是如此，對歷史也是如此。南宋陳同甫與朱子爭漢唐，想給漢唐以地位，而朱子則不許可。朱子以為三代而下無善治，王道失，霸道興，皆是以私心把持天下。朱子說此話是以他全幅學問為背景，總結起來便是一於理的道德判斷，即他一往是道德的。在這個立場上，漢唐自然不行。你們想給漢唐一席地，不過是因為他們富強，所獲者多。但是富強不能掩蓋其私心的罪惡，不能掩飾其道德風俗的無善治。陳同甫的立場是原情而論，以為「道」，自三代以下，亦並未完全憑空架過，現實上亦並非全是黑暗。漢唐於默默不覺中對於道亦略有所表現不能吹毛求疵，一概抹殺。但是立一義，必須於理上透徹有據，不是這麼說說就算完事。漢唐自然有其地位。

但是要想證實他的地位，必須體用本末徹底通達，卓然於知
人論世之原則有所樹立，而後始可以言之無弊。這點不是陳
同甫的學問所能擔當的。所以他爭不過朱夫子。朱子的立場
很堅定，很透徹，日常生活很謹嚴，出處進退絲毫不苟，以
身作則，以身行道。作到若何程度，不必管，但律己甚嚴，
則是可以說的，念念不忘此事亦是可以說的。講學必以道統
自任，以此為畢生之大事。其生活如此，其學如此，故其論
世亦一是皆出之以嚴格之理。所以立場堅定，言之有力，其
理甚透。他雖不能貫通歷史之發展而作綜合觀，但握住一面
已是不易。陳同甫要想為漢唐爭一席地，其立場當然非是一
個綜合的立場不可。但是分解的一面之理，即內聖一面，體
一面，本一面，總之純然是王道一面，尚且把握不住，不能
透徹自肯自信，而要冒冒然講王霸雜用，講體用本末內聖外
王之綜合觀，貫通的發展觀，其進退無據，是當然的。要想
於道德的判斷外，爭漢唐，當然非參加上歷史判斷不可。我
之所謂綜合觀，貫通的發展觀，就是要把這兩種判斷綜合於
一起。但是陳同甫的學力何足以語於此。說漢唐默默中於道
亦略有所表現（即有暗合於道處），光這麼說不行，必須說出
所以然。否則只是虛氣浮辭。就是說好說壞，亦是零碎的估
價，決不能作綜合的估價。要於「暗合於道處」參透歷史的
本源，立出原則與綱領，再貫通著史實，而作曲折宛轉的發
展觀，以斷定某一時代之價值，正面的，或負面的，這是很
不容易的。作不到這一步，而想拉進歷史判斷來，其結果有
二：一是只是事實的紀錄，這是考據家或所謂科學研究者所

從事的，這嚴格說，並不足以知史論史。二要想到知史論史，而參不透適才所說的那一步，則亦只是零碎的估價，是相對的方便立義，（隨意說）並無一定不移之理。相對的方便立義，只是就現象觀，其結果未有不流於順俗趨末者。就現象觀，任何歷史事件皆可說好說壞。人間的事情，無論如何好，也可以有流弊。無論如何壞，也可以在意料之外，有有利的表現。漢唐自然有其可稱處。但是陳同甫的識見，也只是落於現象觀。其所以只爭漢唐，尚不敢爭暴秦，爭南北朝，爭五代，並不是原則上有異，只是風俗習慣的（尚不能從原則上都予以曲盡的解析）。若近人從現象上推而廣之，不但爭漢唐，甚而爭暴秦，爭五代，又甚且爭張獻忠李自成。這只是肆無忌憚。陳同甫所差的，只在尚不敢肆無忌憚。所以他的歷史判斷不能超出現象觀。

　　歷史判斷當然要重視發展中的史實，每一時代的史實當然是一存在。既是存在，當然有其發展中存在的理由。歷史判斷就因為著眼於存在的理由而不輕易忽視或抹殺每一時代。若只是道德判斷，則常流於抹殺，此亦不足以論歷史。但是只說有存在的理由，而作現象觀，亦究竟不足以估定某時代中的存在之價值究竟是向上，抑是向下，是正抑是邪，是善抑是惡，是正面的抑是負面的。存在的理由，不足以免去它的罪惡。歷史的判斷不只是要拉進史實來就算完事，它還要盡一個責任，即要估定某時代中的存在之價值究竟是正面的，抑是負面的。若不能作到這一步，「凡存在即合理」即不能說。這句話當然是歷史判斷中事，即當引進「歷史的判

斷」來，這句話才出現，但是若只是現象觀，這句話即不能
應用，因為它足以泯是非。所以歷史的判斷，必須當它能估
定時代價值之為正抑為負時，「凡存在即合理」才有確定的意
義。此語既不是現象觀下的一句話，亦不是直線地說的一句
話。即此所謂「合理」既不是直線地說，亦不是直接地說。
在形而上的陳述裡，是直線地說，直接地說；應用於歷史，
則必須是曲線地說，間接地說（所謂「說」，當然是就衰世或
亂世，如暴秦五代以及今日的共黨一類的說）。若用於歷史，
而取直線地說，直接地說，則是現象觀，足以泯是非。泯是
非，亦同樣否定歷史。

　　曲線地說，間接地說，而不是現象觀，當然背後含有一
個標準，這個標準當然是在道德判斷處。但不是朱子所表現
的那個道德判斷，因為他所表現的道德判斷是孤立了。他不
能拉進史實來，也就是說，他不能引生出歷史判斷，因而也
就不能貫通地綜合地觀歷史之發展，精神之表現，而估定某
一時代之價值究竟是正面的，抑是負面的。我們這裡所說的
一個標準，須要把朱子所表現的道德判斷化而為一個「精神
的實體」，或「道德的實體」(moral substance)，由此以貫通
著史實的發展，引生出歷史的判斷。我們已說，歷史的判斷
必須能盡估定時代中的存在之價值為正抑為負的責任。因此，
由「道德的實體」作標準引生出歷史的判斷，正是要完成一
個道德的判斷。道德的判斷不只是要說正面的價值，還要說
負面的價值。不只是光斷定三代，還要斷定漢唐，斷定暴秦，
斷定今日的共產黨。這種斷定，不同於朱子。朱子對於三代

以外的斷定，只是抹殺。所以他只能說正面的價值，不能說負面的價值。就是說，他的斷定不是歷史發展精神表現中的估價，他是一刀兩斷的永恆的估價。（所以以往的理學家不能論歷史，只有一個王船山是例外。）

我們由「道德的實體」貫通著史實，引生出歷史的判斷，來完成一個道德的判斷，就是要把以前的道德判斷與歷史判斷兩種綜合地統一起來。這不是散立地有時用道德判斷，有時用歷史判斷。而是在一個較高的綜合觀點下來完成一個綜合的道德判斷。（即正面的負面的都能說。）只有在這個綜合觀點下，才能曲線地間接地說「凡存在即合理」。盛世、治世、正面的，當然直接說它合理。這句話的問題單在衰世、亂世、負面的一面。就此面說，說它合理，並不是說它本身是對的，是合理的。它本身仍是罪惡，仍是邪惡。所以說它合理，一定是曲線地間接地說。而且說它合理亦只是估定它的負面價值，而所謂負面價值亦不是就其自身言，乃是就其對於未來的「正面的」之關係言。它自身仍是罪惡，罪惡自身無價值。凡就其自身而可以說價值，它必須是正面的。其自身為罪惡，無價值。而尚說它有負面的價值，這完全是對未來的正面言，所以是曲線地、間接地。這個意思只是：「墮落不深，覺悟不切」修道上的話應用於歷史。墮落仍是墮落，但是它能促成「覺悟之切」（所謂浪子回頭金不換），因而說它有負面的價值。說負面的價值，這其中有無限的智慧，有無限的悲痛。這只是人類的可憐，人間不可免的曲折。有誰願意墮落呢？但是，人不是神。所以歷史、文化、價值（正

面的，負面的），這都是人間的事，不是神的事。若只如朱子所表現的道德判斷，則必須人是神，若不是神，便不必說了。這不足以言歷史、文化與價值。（今按，《政道與治道》第十章對「道德判斷」與「歷史判斷」，言之極精詳，請參看。）

　　朱子在他一生的實踐過程中，很知道「艱苦」二字。到晚年不起的時候，學生問他有何囑付，他還是說「艱苦」。這表示為人為學都是不容易的：要成為一個真正的人不容易，要表現真理不容易，以理制欲不容易，與邪魔奮鬥不容易，在重重障礙中表現精神不容易，要費多少氣力，才能透出一線光明。個人的實踐如此，歷史也是如此。歷史是集團的實踐所演成的。在一個民族生命的集團實踐中能曉得「艱苦」二字，便可以知史論史。朱子在個人的實踐中很知道艱苦，但他不能把這個艱苦過程（亦就是工夫過程），正面而視，從其主觀的隱藏中拖出來，把它客觀化，理路化。這不只是朱子個人如此，宋明諸儒對於這一層，都是停在主觀的隱藏狀態中。照我們現在所論的問題說，這是一個很重要的關鍵。假若能把這「艱苦過程」從主觀的隱藏狀態中拖出來，把它客觀化，理路化，正視它的發展，即奮鬥所至之境界與成果，則學術的形態必有一新轉進，眼界心胸必有一層新開擴。把這個客觀化理路化的奮鬥過程，能鄭重認識了，則對於集團生命的實踐之艱苦過程也必能鄭重認識其理路而把它客觀化，這就是我所說的把道德判斷與歷史判斷兩者綜合地統一起來而成的貫通的綜合的歷史觀。

　　講歷史最忌的有兩種態度：一是順俗趨末的現象觀，這

必流於無是非，即有是非，亦是零碎的而無總持，顛倒的而不中肯。二是不負責任的烏托邦，如說中國自禪讓井田廢，便全流於黑暗，又如說中國人以前不知道民主，不知道科學，不知道男女平權，這都是不負責任的烏托邦，不知道歷史的艱苦。這後者想表面理想，不知道「理想」是要在現實奮鬥的過程中引生與實現，而不是不負責任的幻想。又想表現道德判斷，不知道德判斷一在立經常之大本，一在貫通著史實，引生歷史判斷，而並不是不負責任的怨天尤人（說中國自禪讓井田廢，便流於黑暗，此尚不是朱子的道德判斷。朱子是一往的道德動機論，他只有直上直下的理之是非，故他尚能立經常之大本。其缺只在不能引生歷史判斷。而此種說法，則只是怨尤，與怨祖宗沒有給我們預備好民主與科學同）。至於順俗趨末的現象觀，想表現歷史判斷，但不能參透本源，立出綱維，故馴至於無是非，即有是非，亦零碎而無總持，顛倒而不中肯。今之論史者，其不流於此兩忌者，蓋甚少。人皆曰史易知易論。吾則曰：談何容易哉。

三

我們由集團生命的集團實踐中看出一個精神生命，這精神生命就含著一個精神的實體。就個人講，這精神的實體就是含有仁義而且抒發理想的 「道德的心」，所以同時也就是「道德的理性」。就集團生命講，也是如此。集團生命的實踐中，豈不也含有一個精神的實體，豈不也含有一個向上的理

想而共同以赴之。這個仁義的心是共同所契合的，其所抒發理想是共同赴之而求有以實現之的。但是這個精神的實體之實現是在限制中障礙中實現。這個限制或障礙最直接的就是人的「動物性」。其他間接的，也都由動物性而結成。一個人的道德實踐就在破除他的動物性之障礙，集團的實踐豈不更有它的集團的動物性，豈不更要在此障礙中而破除此障礙以實現其理想，以表現其精神實體。就因為有此動物性的限制，所以人類的集團實踐不能不是歷史的，不能不是曲折宛轉的發展的，因而觀歷史，也不能不參透到精神實體，貫通著史實，而引生出歷史判斷。我們試就此觀點，取歷史的一段史實，以明精神實體之實現之曲折宛轉的發展性。

　　從夏商而至周，當然是本著精神實體而向上發展的一段。此段向上的發展是綜合的，建構的。故有周文之形成，有封侯建國之形成，有周天子以文化系統代表統一之形成。但是經過春秋而至戰國，這個周文的統一，漸趨於破裂。從經濟政治方面講，井田制漸廢，貴族就衰，士人漸興。其結果，民從井田制中解放而為自由民（土地私有），君從井田貴族中解放而取得客觀化超然之地位，士人興起，參與治權，遂有政治之客觀的意義。從君、士、民之得解放，在此轉形期，顯然顯示政治格局漸要客觀化之趨勢。民是國家之民，君是一國之元首，士人參政，表示治權之公開與客觀化。這三者之得解放，就表示政治格局漸要客觀化。政治格局之客觀化當然是一大進步。但為什麼由春秋而至戰國秦究竟是衰世？這就要看這一過渡期是否有一向上精神與文化理想來完成這

步客觀化。不幸，由春秋而至戰國，竟無這種向上精神與文化理想來完成這工作。解放出來，只成軍國主義。其背後的基本精神竟是粗暴的盡物力之物量精神。所謂盡物力，不必是能取用外在的物力，乃盡量發揮其原始的粗暴生命之謂。生命之粗獷實只是物量的精神。物量與物量只有相激盪相抵消而交引日下。交引的結果，便結束於秦。秦是以凝結與閉塞來結束物量的激盪。故由戰國而至秦，便是由物量精神凝結而為數量精神。秦是內而數量，外而物量：以內在之數量精神凝結呆滯外在之物量。代表這種內在數量精神的，便是秦始皇的陰私險狠（一種乾枯黑暗的生命），與法家的殘刻寡恩。到這時，內心全黑，只有一個賞罰不測的權術與普遍的渾同。這就是內在的數量精神。拿這種精神來整齊劃一（實即是僵滯呆板）外在的物量。故儒以文亂法，俠以武犯禁，在所必誅。故必閉塞聰明，鑿喪生命：凡人格人性，道德仁義，皆在閉塞之中。一切皆齊等於物，成為白痴。戰國時物量精神的激盪到此全息。此豈非一墮落至極之大劫數。（今按：此段須參看《歷史哲學》第二部第二章第一節。）

　　但是人類的生命又何能塞死，緊壓至極，必然要從深山大澤中暴發。這就是新生命的開始。劉邦即從此而起。當一個問題或形態已臨，而無向上精神與文化理想來完成，其精神必下降轉而為氾濫的物量精神，此只是人的動物性之發作。一發而必至其極。其勢已成，任何人不能挽回。雖有孟荀之呼號，亦不能挽救其絲毫。然而能挽不能挽不必管，而這種呼號總保存一點光明與正面之精神，以與那墮落的物量精神

相對抗。這點正面精神，在當時可全掛空，然有人保持住，就是下一代之種子。我們不能因為它於事無補，就輕視它；也不能因為它不能實現，就說保持這點光明的人是迂闊無用。不能因為墮落之形勢已成而不可挽，就反而肯定它，認它為合理。墮落終是墮落。有能於墮落之中，屹然立得住而不搖動，保持精神主體以為是非之準，這就是最大的成就，最大的力量。須知墮落之勢已成，不是說挽就可以挽的，也不是說去掉就可以去掉的。一個正面精神也不是說要實現就可以實現的。這就是在限制中實現理想。勢不至其極不轉，急也急不得。我們就要於此限制中，於勢不能實現此理想中，認識此理想之價值。它是下一代之種子，它是當代是非之標準，由它照出一個是非，照出墮落之勢之為非，之為墮落。否則，便無是非，亦無前途。

當時大家不知其為墮落。但是到其極而人們受不了時，人們就共覺其為非。這就是勢至其極而要轉之時，人們的共覺復歸於光明（正面精神）之一面。墮落過程中也剷除了一些罪惡（不是由向上精神而剷除），也拖帶出一些成果，如在戰國秦的過程中，把封建除了，成為郡縣，把井田共同體的束縛除了，成為自由民（土地私有亦是一進步，後來的流弊是另一會事），把貴族除了，成為治權的客觀化（治權的民主）。但這些成果亦不是由向上精神與文化理想而完成的，而是在墮落之中拖帶出來的。所以墮落時之本身物量精神與數量精神仍是一種罪惡，其本身決不可說為合理。但是這些拖帶出來的結果卻豐富了下一代正面精神之內容，而促成一新

形態，正面精神之新形態，此就是精神之進一步的發展，超過了周文的形態（當然從某些偏面地方說，也許有不及周文處。但整個形態則是超過了它而進一步）。就在這裡，我們說戰國秦，有它對下一代言的負面價值。但它本身，卻必須加以責斥。不責斥，不能指出是非，亦不能促成大家之覺醒（共覺）而促其速轉。這與今日之共黨同。共黨之興起當然有其原因，但不礙其本身之為罪惡。我們責斥它就要立出一個是非的標準，守住一個是非。我們在責斥它中所表現的正面精神理想當然也不必一時就能實現，但我們這樣守得住，就可以促成人們的共覺而向新形態轉。它對於新形態也許有其負面的價值，但不能說它在當前是合理的。

人不能常惺惺維持其向上精神與正面的文化理想，遇新問題新形態要出現時，不能根據向上精神與文化理想來解決來完成，這是人的墮性在作祟。墮性膠著而不能轉，則必物物相激而趨於毀滅。假借毀滅之一曲折來解決來完成，這是人間的可悲。黑格爾名之為「理性的詭譎」(cunning of reason)。中國人以前名為「天道之權變」。「理性」不能直伸，乃藉墮落之毀滅而一伸。此理性之巧，實人間之可悲。我們要以耐心的智慧來觀照此一曲折，更要以無可奈何的悲心之大仁來立出人間的綱維，使其不終窮。

四十年一月《民主評論》

人類自救之積極精神

我近來不自量，寫了一部講歷史的書，名曰「國史之精神發展的解析」（按：已改名《歷史哲學》，四十四年出版）。從黃帝堯舜起一直寫到東漢止。此後暫不寫。司馬遷寫《史記》，「通古今之變，成一家之言。」我的目的不在成一家之言，而在貫通吾人的民族生命及文化生命。惟在這種貫通中，始能見出人類的積極精神來。人類的生命，發展到今日，實在是支解了，僵化了。因此，到了極端膠固枯燥的境地。《莊子·天下》篇云：

> 古之人其備乎？配神明，醇天地，育萬物，和天下，澤及百姓。明於本數，係于末度。六通四辟，小大精粗，其運無乎不在。……天下大亂，賢聖不明，道德不一，天下多得一察焉以自好。譬如耳目鼻口，皆有所明，不能相通。猶百家眾技也。皆有所長，時有所

用。雖然，不賅不徧，一曲之士也。判天地之美，析
萬物之理，察古人之全。寡能備于天地之美，稱神明
之容。是故內聖外王之道，闇而不明，鬱而不發。天
下之人，各為其所欲焉以自為方。悲夫！百家往而不
反，必不合矣。後世之學者，不幸不見天地之純，古
人之大體，道術將為天下裂。

由道術之裂，演變而為生命之裂。秦政一出，而天昏地暗。
到了今日，生命之裂與道術之裂，超過戰國及秦政不知幾萬
倍。近代的精神，一往是「判天地之美，析萬物之理，察古
人之全」的精神。現在，可以英美來代表。在這種「往而不
反，必不合矣」的狀態下，不要說道術裂不裂，首先自己的
生命已支解而僵化。由此，起一個反動，便是「心死」：陰險
狠愎的變態心理淹沒了一切。這是蘇俄所代表的。莊子只見
到「道術將為天下裂」的可痛，尚未見到今日變態心理的可
怕。這裡邊的陰邪黑暗，不是以往的人顯所能想像得到的。
羅素說：

俄國還有一種罪惡，這是維持統治者之存在的重要條
件之一。這個罪惡，就是私密——漆黑的，絕對的，
一切都保守私密。……在鐵幕背後，究竟搞些什麼鬼
呢？我想總不是在那裡製造烏托邦罷。(《民主評論》
第二十二期羅素文)

這種祕密不只是一種策略，乃是通著它背後的變態心理，以及由此心理而來的一切黑暗思想。黑暗、恨、狠愎籠罩了一切。在它那裡，沒有光明，沒有愛，沒有和祥。人類的正面積極精神，如果不能浮現上來，來育和人類的生命，來掃除這種黑暗，人類不能救住它自己。

康德的哲學中，講到超越的統覺，超越的對象時，曾提到超越的親和力。人類內心深處的那種超越的親和力（亦就是正面的積極精神），最易於從歷史貫通的發展之體貼中蕩漾出來。民族生命，文化生命，統在這種貫通發展之體貼中復活。人類的超越親和力，在中國歷史的文化生命中，表現得最親切。不幸到今日竟變成這種斷絕的境地。生命不能通，隔斷了，乾枯了，循至於爆裂以死。沒有了過去，哪裡還有未來？「未來」只是齜牙咧嘴，昏迷狀態的眼花撩亂。

積極的精神，在靜定平實中澄清出來。我從歷史生命文化生命的貫通發展中，看出人類的積極精神不過是三種：一、綜合的盡理之精神，二、綜合的盡氣之精神，三、分解的盡理之精神。相應此三種精神，廣義地言之，中國文化生命中有前兩者，而無後一者。西方的文化生命有後一者，而無前兩者。照這樣分法，西方在分解的盡理之精神下，有宗教、科學及民主政治，即這三種東西皆是「分解的盡理之精神」之所貫注。中國在前兩種精神下，有儒者的聖賢境界及英雄豪傑的天才境界，總之是德慧的與藝術性的。聖賢境界在綜合的盡理之精神下完成。何謂綜合的盡理？即是超越的理想在踐形盡性的本末貫徹中表現。「形」是形而下的，亦可曰

「形氣」。「惟聖人為能踐形」。踐形亦就是「盡氣」。惟聖人的盡氣是在「盡性」中貫通著的，所以形而下的「形氣」是在心氣天理的通透中涵融育化而不落於純粹的「物氣」。惟因通徹到踐形而表現著超越理想，所以才是綜合地盡理的，亦可曰理性的盡氣之綜合。而天才境界則是在「綜合的盡氣之精神」下完成。惟天才為能盡氣。而天才的盡氣是不自覺的，亦未通過盡性之貫徹的。若不是天才，則只是墮落乾枯，陰私邪僻，純成為物氣，而不能說是「盡氣」。天才能盡氣，這是他的天資高，生命充沛，所以雖未通過盡性之貫徹，亦有暗合於道處。這就是朱子所說的漢唐。所以唯天才為能盡氣，唯盡氣者如能接受理想。他的生命充沛不滯，常常能接受善言而客觀化其生命，這就是他的暗合於道處。這種「天才的盡氣」亦是一種綜合。因為由於他的生命洋溢，而未經過抽象的分解破裂，所以是一種藝術性的性格。這種綜合，亦可叫它是天才的盡氣之綜合。這種精神，不獨表現在政治上的英雄豪傑身上，凡有藝術天才的皆可說是「綜合地盡氣的」。

　　西方的宗教，在耶穌那種偏至的超越精神下完成，是未通徹著踐形盡性而表現超越理想的。所以他的偏至的超越精神實即是一種「分解的盡理之精神」。在這種精神下，成立了隔離的宗教。因為是偏至的，隔離的，所以敵對性強。這是本質上如此，且不必說因教會而產生的那些教條，因教條而產生的那些愚蠢慘酷的事件。但是宗教究竟是人類正面積極精神之一。西方經過了近代精神，雖說社會文化上逐步向下趨，忘掉了神，忘掉了中世紀的超越理想，但就基督教本身

說，卻謙虛多了，軟化多了。這種謙虛軟化，一方也許是宗教精神之不足，甚至是墮落，然一方也正可以由此而向踐形盡性的天人貫徹方面趨，由此而重振其宗教精神，予以新的轉形發展。（黑格爾的《歷史哲學》正是從歷史發展上證明神之實現於俗世，而表示這個趨勢。西方的宗教家不應再固執他的老形態。如是，這個世界方可有辦法。）唐君毅先生講宗教意識之發展，表明最高的發展及形態必須發展至「包含對聖賢豪傑個人祖先民族祖先之崇拜皈依之宗教意識」。 他說：

> 在一般之宗教意識中恆只信一惟一之神，或惟一之先知先覺，如耶穌、釋迦、摩罕默德等。此種宗教意識中，恆以為吾人不當更有視聖賢豪傑祖先如神而崇拜頂禮之之宗教意識。然吾人則以為真正最高無上之宗教意識，乃當包含視聖賢豪傑祖先等如神之宗教意識者。蓋順吾人前之所言，吾人既言最高之宗教意識中所信之神或基督佛菩薩為必然以擔負人類之苦罪為己任者。此即同於謂：神或基督佛菩薩皆為能自忘其為神，自超拔其同一於神或超越的我之境界，而下同於眾生或人以為眾生去苦罪者。若然，則人類中之聖賢豪傑之能實際作去人類苦罪之事者，即可能為忘其為神之化身而成人者。其成人乃所以擔負眾生之苦罪，則彼正可只以去人類之苦罪為事，因而亦兼忘使其自己復成為神之目標，遂不復有神之信仰，不復同一於

神。而神之自忘其為神以化身為人，亦必化身出此種忘神之信仰之人，而唯去人間之苦罪為事，乃真見神之偉大。若然，則順吾人宗教意識之發展，吾人不僅當崇拜皈依「信有神，求自己同一於神之宗教人格」，且當崇拜皈依不求同一於神，但只以去世間之苦罪為事之道德人格。吾人如真信神之偉大，當信此道德人格即神之化身，吾人亦當以崇拜皈依神之態度，崇拜皈依之也。故吾人謂宗教意識發展之極致，必包含一視聖賢豪傑等道德人格如神之宗教意識，以至包含視祖先如神之宗教意識。祖先對吾人自己言，必為一道德人格。蓋祖先在其本性上莫不愛其子孫，願分擔子孫之苦罪，則在子孫心目中，其父母祖先皆耶穌佛菩薩也。而在此視聖賢豪傑祖先如神而崇拜皈依之意識中，因念彼等之精神乃一直顧念人間，無求同一於神之心，吾人固可無超越之神之觀念之肯定。然吾人之無超越之神之觀念之肯定，不妨礙吾人之在實際上以事超越之神之態度，皈依崇拜超越之神之態度，對聖賢豪傑祖先，而視之若同於超越之神，而在其前自「自己之欲望的我」超越，自「自己之我執」解脫。由是而吾人即發展出一純粹人格之宗教。在此種人格之宗教意識之中初無超越之神之觀念之肯定，乃由體念聖賢豪傑祖先之精神之嚮往，原不求同一於神，而只以去人間之苦罪為事之故，而非覺對聖賢豪傑祖先之崇拜皈依與對神之信仰之相礙。吾人可謂一人因崇拜皈

依聖賢豪傑祖先，遂自覺的否認有超越之神，可成宗
教上之罪過。然不自覺的否認有神，對神存而不論，
而在實際上只有聖賢豪傑祖先之崇拜皈依，無對神之
崇拜皈依，則非一人之宗教上之罪過，亦非其人缺乏
宗教精神之證。反之，如一人只有對神之崇拜皈依，
而無對聖賢豪傑祖先之崇拜皈依，則為人之宗教意識
未充量發展之證，而為宗教上之罪過。由此，故吾人
以為最高無上之宗教意識，應為一方有對超越之神之
崇拜皈依，一方有對聖賢豪傑祖先之崇拜皈依者。只
有其一，而未自覺否認另一，皆不成罪過，而同為宗
教精神未充量發展之證。只有其一，而自覺否認另一，
皆為宗教上之罪過。由此而言，則基督教回教徒之反
對崇拜人神，與中國後代儒者之絕對反對天神者，皆
同未能充量發展其宗教意識，浸至犯宗教上之罪過者。
而中國先秦儒者之一方崇拜聖賢祖先之人神，而一方
亦信仰天神，至少未自覺的反對天神，乃真正最高之
宗教意識。(見《理想與文化》第九期〈人類宗教意識
之本性及其諸形態〉一文)

由這一段話看來，西方基督教實當有一新的轉形發展。
在由近代精神之淘濾而成的謙虛軟化之狀況下，在信仰自由
(宗教意識的)之肯定下，在蘇俄之黑暗心理否定一切下，
在東西文化要求一較高級的綜合發展之趨勢下，種種外緣已
具備，實到重新對於宗教本質加以反省的時候。只要宗教思

想家們，猶如路德之改革宗教，能自覺地對此加以反省，則
新的轉形發展必然到臨，宗教精神之重新振作亦必然到臨。
唐先生這段話，就是一新形態之合理的提供。若是基督徒們
仍然固執原來的形態，故步自封，閉關自守，則對於人類社
會固然無益，即對於宗教自身亦無好處。司馬遷云：人到窮
困的時候，「未嘗不呼天也，未嘗不呼父母也。」「呼天」即
有超越天神之皈依，「呼父母」即有祖先人格神之皈依。這還
是就困窮的時候說，我們還可以就精神本質說。「呼天」就含
有超越理想（天神，絕對精神）之肯定，而崇拜皈依聖賢豪
傑祖先，即含有人格神（絕對精神之化身，通體是一純精神
之人格。）之肯定。我們之視聖賢豪傑祖先是當作一個「純
粹是精神」、「通體是德愛」的人格而視之，我們在他們身上
只見是一心之流行，而不見有物氣。父母對於子女，子女對
於父母，其間之情愛是大家所知道的，這其間沒有一毫雜染
邪念的，這就是「純粹是精神」的意思。至於對於聖賢豪傑
之崇拜，更是因為他們純粹是精神的。我們若故意貶視聖賢
豪傑及祖先，我們便是有邪念，首先自己已陷於罪過中。我
們若只固執耶穌而不放，攀援上帝而不捨，鄙視其他，敵對
其他，則耶穌上帝亦因我們之固執攀援而成為一物，而不復
是純精神，而我們之固執攀援就是結於物縛於物，此時我們
本身就是陷溺於罪過。我們崇拜耶穌亦因他通體是德愛，純
粹是精神，一如我們崇拜聖賢豪傑及祖先。（其實耶穌也就是
我們所說的聖賢人格神之一。他是「人而神」，就因為他通體
是精神。於他只見有心，不見有物。而通體是精神，不必是

耶穌一現實的形態。）依是，基督教以為只有一聖子，唯耶穌為聖子，聖子只能是一，這種教義必須有新的改變。假若我們真了解「人而神」及「神而人」之所以，則聖子可以是一，亦可以是多。而我們崇拜超越的天神，並不妨礙崇拜聖賢豪傑及祖先。反之亦然。惟隔離而偏至的宗教，才以為兩相妨礙。固然，由於耶穌的偏至精神，隔離的宗教在其發展上，得到其本質上獨立自成的境地，因而宗教亦得有其確定的意義，但是執著一邊而妨礙其他，便是宗教精神未至於充其量，而且為宗教上之罪過。有確定意義的宗教，必須自其隔離的形態轉至綜合貫徹的形態。「先秦儒者一方崇拜聖賢祖先之人神，一方亦信仰天神，至少未自覺的反對天神。」此固為一綜合形態之最高的宗教意識，但宗教之獨立自成的確定意義，並未在先秦儒者「綜合的盡理之精神」下完成，此所以人們以西方之隔離的宗教為標準而謂中國並無宗教，而吾人亦因此不能即以先秦儒者之綜合形態的宗教意識作為今日所應當出現之綜合貫徹的宗教形態。然而，雖是如此，而由隔離的宗教發展而為綜合貫徹的宗教，卻必是先秦儒者由文化生命上所表現的那個綜合形態。這個形態，從西方的隔離宗教方面說，便是發展到一個不隔離的形態。從中國文化方面說，便是先秦的綜合宗教意識發展到一個自覺完成的形態。這兩方面的協和一致，當是人類最高的光明。這其中所應當說明的還很多，本文不必多從事於此。

　　現在我只想說明：這種綜合貫徹的宗教形態，因其變了「隔離形態」的質，所以我們當把它隸屬於「綜合的盡理之

精神」下，而不應再把它隸屬於「分解的盡理之精神」下。
這一改變，是人類的精神生命文化生命之最具體活潑的周流
貫徹溶液蕩漾。亦是備天地之美，稱神明之容，不支解，不
膠固的本來生命之復活。這樣，我們將永遠以「綜合的盡理
之精神」表現超越理想，為人類時時鼓舞浮現那貫徹通透的
「超越親和力」。把「分解的盡理之精神」剔除宗教意識之
外，使之不再應用（實在是糾結膠固）於宗教，而只應用於
科學與民主政治，以及社會福利之事功性的東西，問題性的
東西。這是分解的盡理之精神之恰當（如其分）的使用。在
這種使用下，可以兩不相傷。宗教可以免除那種愚蠢殘酷的
事件，煩瑣不合理的教條，而人類在表現「超越親和力」的
「綜合的盡理精神」之鼓舞下，科學與民主及一般社會風氣
可不再有西方那個樣子的流弊，多表現一點和祥氣。雖是分
解地盡理的，卻可減殺其支解性、僵化性、枯燥爆裂性。而
在中國方面，亦必須引發出它的「分解的盡理之精神」，須知
聖賢境界與天才境界中所含的德慧與藝術性，以及「綜合的
盡理之精神」與「綜合的盡氣之精神」，皆不足以產生科學與
民主政治，亦不是事功性的精神。我們若真參透了中國文化
生命的貫通發展，你就可以見出中國正缺少這一點。好處從
這裡了解，壞處亦從這裡了解，而今日的悲慘之局亦從這裡
了解。分解的盡理之精神就含著事功的精神。因為缺乏這種
精神，所以講事功者乃援用法家。須知法家並不真是事功性
的精神。綜合的盡氣之精神，當能盡其氣時，便是神足漏盡
的發揚（氣的），建立大帝國。當不能盡其氣時，便腐敗墮落

（物化），因而產生暴戾殘酷，邪僻瘋狂。它不能發見問題，解決問題，因而不能有事功。亦不能有立法的政治，亦不能有理智興趣的科學。而綜合的盡理之精神亦是神足漏盡的（理的）；是德慧的，不是事功的；智慧高，思想則乏味。所以當人說儒者迂闊少功時，決不必爭論辯護。他的精神之本質就不是事功的。而當他們套在以往的輪子中，在墮落的時代裡，只有演悲劇。所以中國的兩種基本精神必須用「分解的盡理之精神」來調劑來充實來轉化。如是，盡氣的精神可不用在打天下，而當用在文化方面屬於創造性的東西上。

如是以「綜合的盡理之精神」提供超越理想，鼓舞「稱神明之容」的生命之全。以「盡氣的精神」從事於文化方面的創造。以「分解的盡理之精神」滋生科學與民主政治。這是人類自救的積極精神，總之，是救住超越理想（宗教），救住天才，救住科學與民主政治。這不是新的，這是人類自有史以來就是向此奮鬥的。過去如此，今日將來仍然如此。這是一種永恆的精神。人們把他的生命放平，一立立在這種精神上，方能不搖動，不驚怖，自救救他。方能正視現實，改進現實。方能親生悅生，肯定經驗，承認對方。一離開這一切，便都是掛空的，毀滅的。

人類的歷史常是大開大合的，一下子很高，一下子很低。我們常說以往野蠻，有許多殘酷不合理的事。文藝復興以後，三百年來，從現象方面說，確是文明得多，合理而開明得多，孰知精神一提不住，文明久了，倒反歸於更野蠻，更殘酷。像蘇俄那「黑暗的祕密」集了古今中外一切殘酷之大成，還

能不說是野蠻嗎？但卻是由過分的文明而來。又如宋朝人的趣味太高雅，女人把眼角上點上啼痕，終遭夷狄之禍，你說這種趣味是文明呢？還是墮落呢？五四運動以來，都市的文明人為鄉下人所羨慕，亦為鄉下人所厭惡，文明得過分了，後來的趣味就轉向。不喜歡文明，喜歡野蠻；不喜歡修飾，喜歡粗野；不歌頌真美善，而歌頌罪惡。青年學子不演話劇，而扭秧歌，以為是雅趣，實際上統統是不諧和的醜惡。像上海那種喜出噱頭的自裝文明，若不惹出反動，亦是無天理。義和團殺二毛子，共產黨亦利用農民的粗樸來殺商業買辦文化買辦，還一狠狠下去殺到底。（可是他們不自覺亦是文化買辦。）我們在二十幾歲的時候，也是經過這些時代趣味上的翻轉。這都是有感覺有理想的青年。我們那時不喜歡學法律政治的，以為是鄙俗。要學哲學，要談主義。學經濟，也得學馬克思的。時代變了，以前讀書上進，榮耀門庭，為國效力，以天下為己任的一致性沒有了，大家背後不自覺的是一種革命、否定、浪漫的心理。我的大哥是鄉下人，他感覺到了這種心理。我的父親稍為古典一點，他就不以為然。這些都是感覺，大家都說不出個所以然。一葉知秋，這些文明的青年人知識分子，承前啟後，造成數十年來的風氣，害了自己，害了父母兄弟，害了億萬同胞，整個的國家，從東到西，從南到北，汪洋一片，無一倖免，遭此空前的大劫，到此完全結束。可痛的黃帝子孫，在這種哀號宛轉，求生不得，求死不能的時候，深深體會你的生命罷，真切地放平你的心懺悔罷，醒悟罷。把人類內心深處的正面積極精神湧現出來，

無論革命或是什麼事，總不是與人作對的。我現在再引羅素一段話以作結束：

> 共產黨的專制理論，武斷地肯定：共產主義的目的，最後必然會實現。因為相信必然二字，所以認為縱令至少須犧牲一代的人民，使他們在貧乏、奴隸、仇恨、秘密警察、強迫勞動、消滅獨立思想及拒絕與信仰不同的國家合作等混亂不安的狀態中過生活，亦都是應當的，值得的。試問在人類思考可及的範圍內，真有什麼信條能夠具有這樣高度的必然性嗎？我是不相信的。而且果真是有的話，那也決不是史太林的信條。

自由主義之理想主義的根據

　　現在大家都以自由相號召。在共黨的統治下,的確是無
自由的,不但知識階級沒有自由,就是共黨所挾持的「人民」
何嘗有自由。它騷擾到生活的任何處。愚夫愚婦,甚至老太
婆、兒童,它都拉來作政治鬥爭的工具。不聽其指揮的,或
對它的欺騙不感覺興趣的,它便以極殘酷的手段來加以辱戮,
使人走投無路。鄉間農民是沒有政治偏見的。他們說政府的
軍隊雖然不好,但有法對付,他們可以生活。但八路來了,
他們無法生活。古人說網開一面,共黨一面都不開,都封閉
死了。真正的農民不會喜歡這一套。中國沒有真正的工人,
即使是真正的工人,也有他們的人性生活,何嘗就一定喜歡
這一套。所以周恩來會大罵上海的工人失掉了無產階級的革
命性。他殊不知工人也是「人」。完全拿經濟決定論的階級觀
念來概括他,便是抽象的工人,不是現實的工人。若是拿這
個觀念來概括一切人,便都成了抽象的人,不是現實有血肉

的人。共黨就是喊著這個抽象的「人民」來欺騙人民，愚弄人民，辱戮人民。試想這一套，有誰能喜歡它。不過中國的人民是啞子，他們呼不出他們的苦痛，他們是在沉默中忍受或期待。知識階級覺得這是自由問題，可以起而號召反抗。但是一般農民則呼號不出來。而其為不自由則一。

　　現在知識分子不能忍受這個痛苦，出來以自由相號召，作為反共的領導觀念。胡適之先生說他從來只講問題，不談主義。現在他要講自由主義，這是因為自由成了問題。在別的政治方式下，還有不說話的自由，在共黨的統治下，連不說話的自由都沒有了。這確是嚴重的問題。人生到此，還有什麼值得活的。在這種辱戮窒息之下，自由真是比吃飯還重要。你們可以立刻覺出共黨拿「麵包」來號召，完全是一種虛妄。人們一天只須吃三餐，甚至兩餐也可。但不能須臾離開空氣。沒有好的吃，小米窩窩頭也可以充飢。共黨區裡殺了這麼多的人，結果還只是吃窩窩頭。農民連小米窩窩頭也沒得吃。你們問他們吃什麼呢？白薯的蔓葉，是好的食品，樹皮樹葉已經是早已吃到了。它所號召的麵包在哪裡？沒有自由，決沒有麵包之可言。這種滔天罪惡，實在是人類的劫數，還說什麼麵包。

　　但是，知識分子的號召自由，常不覺到它後面的崇高根據，即本文所說的理想主義。若不能意識到它的理想主義的根據，則自由的表現常是消極而散漫的，孤僻而不識大體的，隨意泛濫，流於自私而忘掉是非的大標準的。且就消極而散漫一方面說：因為自由主義的實踐，從歷史上看，常是對著迫切的壓迫而反抗。一是實踐的，二是負責的，然其本質已

是落於被動的防禦上。對中世紀神權的壓抑講，則是由被動而成為主動，下開近代西方文化之主潮。今日共黨的狂暴本由這個主潮孕育出，來反撲這個主潮。它在精神上取得主動的地位，幾取自由主義的主潮而代之。自由主義，對共黨講，已完全居於被動的地位。它在反抗中世紀的神權籠罩時，它有一段真精神，它代表一種開明的新生力量。但演變至今日，它那一段真精神，那種新生命，已經喪失了。具體化而為政治上的民主制度，經濟上的資本主義。吾人現在講自由主義，其心思已常圍於政治經濟的範圍內而不能自拔，沾執於政治上的民主（這自是可眷戀的），而超脫不開，委曲於經濟上的資本主義（在這方面說話總有委曲），而不能理直氣壯。精神，當其一具體化而為文物制度，便失掉它的新鮮性，失掉它的精神性。即在此處，共黨已經佔了上風。何況人們的心思又粘著於政治經濟的範圍內，毫不能在真理上鞭辟近裡而領導群倫。言自由的心思已經陷落，僵化，如何能發出力量而成為領導人類的主流？這的確是嚴重的問題。今日的自由主義之號召，其大勢與背景，已不是文藝復興時代代表真精神新生命的自由主義了。自由主義的實踐，在本質上，本就是被動的。徒被動不要緊，而又落在今日的大勢與背景上，其不消極散漫而無力能有幾何？反觀共黨，它是振振有詞，理直氣壯了。你講民主，它講新民主以欺世。你委曲於經濟上的資本主義，它乾脆講共產以自鳴其為進步。所以處在政治經濟的範圍內，它已經不弱，而且它居於反撲的地位，它很可以自視它的共產主義為政治經濟上的言論之尺度。你這一些，都是不夠勁，不過癮。在號召上，決不足以滿足青年

的浪漫欲望。這且不說，它還不只這政治經濟的表面文章，它還有唯物史觀作它的行動上的推動機，政治活動的精神原則。它的堅強而有力的組織，它的挑動人的動物性（獸性）而如瘋如狂，而又自視為神性，胥由於這種理論的不平凡，在心理分析上有其很深的複雜之根之故。它以這種理論來鼓動青年，既是組織的，又是主動的，既是系統的（對應「組織的」言），又是浪漫的，你那散漫而無力的自由主義如何能抵得住？你若反過來看，非共區的人民生活，以及行動人員，你就可以感到是如何的散漫而無力，在政治鬥爭上，是如何的無氣勢，多沾執。

這還在大敵當前的時候，若在平時，你可以看到自由主義者隨意泛濫，流於自私，而忘掉是非的大標準的，比比皆是。孤僻而不識大體的，亦比比皆是。中國的自由分子，本不能比英美。這不是說中國人不行，這是因為文化背景不同。隨意泛濫，流於自私，固無可恕。孤僻的性格卻不必盡予抹殺。社會上能容納種種性格亦是好處。人們亦不必皆從事政治活動。但是在政治上，若流於隨意泛濫，孤僻不識大體，是如何的壞。從此你可以看出，若在今日，徒以自由主義相號召是很難抵得住狂瀾的。

自由，究竟是眼前用得著的口號。因為有個不自由的與之相對照。但在今日的大勢與背景上，這卻不夠。在降伏魔力上更是不夠。自由主義的實踐，常處於被動而發，這不是嚴重的缺陷。問題只在如何能由被動而轉至主動。現實上的種種因緣且不談。只就自由主義之為領導原理方面講。我敢斷言，若順今日之自由民主之背景而下去，自由主義永不能

取得主動地位而為時代精神之主流。文藝復興時代之自由主義，前面已說有一段真精神、新生命。但此還是表面的說法。而此真精神新生命之所以為新為真，固然由於是在啟蒙時期，而最要者，是在那個時代，精神尚未具體化而為文物制度，所以始終尚能涵蘊著一個理性上的覺悟，因而亦涵蘊著一個形而上的真理之信仰。那時代的人，對著中世紀封閉於上帝的濃霧中（上帝本身不是濃霧，而教會的烏煙瘴氣卻形成濃霧，掩蓋了上帝），呼籲著「人」的覺醒，理性的恢復。不管在正面所覺醒的「人」，究竟是什麼樣的人，所恢復的理性，究竟是什麼樣的理性，甚至我們還可以說，其所謂人與理性究竟是未得到它的本真的，所以下開近代的文物制度，因而孕育出共產黨來。然而外部地看起來，在他們的覺醒中，究竟可以拖帶出一個形而上的真理之信仰與憧憬。這種信仰與憧憬作推動機，遂開發出種種近代的文物來。因而在當時言之，這種信仰與憧憬遂可以作為時代精神之領導。人，尤其是有性情的人，不能永處於現實的推移中而無一種超乎現實以上的覺悟。人類之可貴正在此。惟在此覺悟中所發出的，才可以推動社會，作為時代精神之領導。然而演變至今日，我們已說，已是具體化而為文物制度，精神已喪失其精神性，而人們的心思已沾執於現實的文物制度中而超拔不出來。張眼一看，全是粉紅黛綠，繁華世界。有性情的人，一看便覺得是庸俗平凡，刺激麻木。共黨就是從這裡反動出來的。我們講自由主義，若不能於此恢復其精神性，顯然這個時代的精神是在共黨那裡，不在我們這裡。這當然是一幕大悲劇。正以此故，我們今日講自由主義，不能不把握它的理想主義

的根據。這是提撕自由主義而恢復其精神性的一個超越原理。

　　這個原理的涵義：一是人性通神性以規定理性，二是實現理性的歷史文化以規定民族國家。人，失掉了人性無可尊重，與禽獸無異。毛澤東口口聲聲說喜愛人民，但鑿喪其人性。則其所謂喜愛，只是以人民為芻狗，可以愚弄而已。芻狗人者，自己亦芻狗。但人性有兩方面：一是形下的氣質人性，此即是生物生理的私利之性，二是形上的義理人性，此即是道德的克服私利抒發理想之性。前者無可尊重，而後者始通神性。《中庸》所謂盡人性盡物性以至參天地贊化育，就是說的這個通神性的人性。這個亦叫做普遍的理性或主動的理性。孟子所謂盡心知性知天，亦是這個通神性的人性。這個是理性主義，同時亦即是理想主義。綜合言之：名曰理想主義的理性主義，或理性主義的理想主義。理想主義不盡是理性主義的，如生命哲學的浪漫情調便是非理性主義的，吾名之曰右傾的浪漫。理性主義亦不盡是理想主義的，如低級的唯物論實在論，在某意義上說，亦是不反理性的，他們亦重視理智，但我們只可名之曰理智主義，而不可曰理想主義，高級的以邏輯數學為主的理性主義亦不可叫做理想主義。惟這種由道德的人性以通神性所見的理性才是理想主義的，所見的理想，才是理性主義的。惟此始可恢復自由主義的精神性。浪漫的理想主義，淺薄的理智主義，不流於庸俗，即歸於惡道。皆不足以恢復自由主義之精神性。現在以英美國家為主的自由主義就是淺薄的理智主義，流於庸俗。（尼采等的右傾浪漫即歸於惡道，不待言。）在此種精神下，其所謂自由的實踐大半是陷溺於形下的氣質人性中，故流於私利推移，

刺激麻木。前說共黨的狂暴即由此而反動出。順彼反動之路下去，這種人性，毀滅之亦不足惜。在彼之純歸於芻狗，吾名之曰左傾的浪漫，固是惡道之尤，比尼采希特勒都壞，然而這種刺激麻木，私利推移，亦實在令人不耐。寄語美國，勿恃富強即謂可以抵抗蘇聯。寄語自由主義者，勿謂發自形下的氣質人性中之自由即可為領導時代之精神原則。

　　人性通神性的理性須要表現之於歷史文化中。在此種表現中，我們見出歷史文化發展的推動機，亦惟於此始見出歷史文化的客觀價值，始見出理性的客觀有效性。若不肯定歷史文化，理性只是空懸。若不肯定歷史文化之表現理性或曲折宛轉中之實現理性，因而獲得其客觀價值，則歷史只是自然史，非人文史，因而亦無文化可言。民族國家是歷史文化的托足地。它的形下的內容（即實際的內容）是人民與土地，而其形上的內容即本質的內容，則為歷史與文化。肯定歷史文化，必肯定民族國家。這兩步肯定，始見出理性的崇尊性及其實踐性。自由主義賴此而恢復其充分的精神性，賴此始可為推動時代抵抗瘋魔的指導原理。自由是在對理性的自覺中表現。爭自由是爭理性的實現，不是爭現實生活上的方便與舒服。共黨毀滅了自由，即是毀滅了理性，因而必否定歷史文化民族國家。在它手裡，人類只是物質化而為洪荒的芻狗，純粹的動物性。它拿這個齊於物的橫斷面來毀棄一切。這是任何既稱為是人者所不能忍受的。它的人民、麵包都是表面的幌子，而其根底上最兇最可惡的卻是這個齊於物的橫斷面的思想（唯物史觀）。人民麵包是它的緯，唯物史觀是它的經。它這個經是最兇狠的，最足以鼓動具有浪漫性的青年。

因為它在人的心裡深處有其極奧妙極複雜的根據。青年的出死入生，如瘋如狂，都從這裡發生出。關於這方面，本文不想多說。我只說，現在想發動指導原理以抗共的，卻完全不在對治它那個經的方面著想，完全不想另一個經。這才是共黨所私自欣幸的。須知時下人所說的自由民主，只是我們的緯。若只限於此，即是沒有經的。沒有經的緯織不起來。我們的經即是人性通神性之理性以及實現理性之歷史文化民族國家，這是一條縱貫線。自由民主之為緯是橫斷面。若只止於此，則必落於齊於物的橫斷面下而不能逃。共黨的緯是橫斷的，它的經亦是橫斷的，所以它最後成全一個純粹動物性，齊於物的橫斷面。然而它終究沒有經，經必須是縱貫的。所以它最後必歸於毀滅。它毀滅了旁人，也毀滅了自己。假若我們的經建立不起來，抵不住它的決裂，則人類必全毀。眼前確是「生存與毀滅」的大關頭。

我們提出這個經來，恢復自由主義的精神性，與文藝復興時代的自由主義稍有不同。那時的自由精神是拆中世紀那個以上帝為中心的大廈。我們現在，經過近代的發展，則是以古典的精神救住自由的精神，在中國儒家的立場上說，就是以人性通神性；在西方文化的立場上說，就是恢復宗教精神。因為在現在這個刺激麻木的繁華世界，若不稍微冷靜嚴肅一點，自由主義決難恢復其精神性，作為推動社會，降伏瘋魔的指導原理。依此而言，文藝復興時代的自由精神是浪漫的，我們這個時代的自由精神當該是古典的，理性的，理想主義的理性的。這是真正的辯證發展所必然如此的。

論黑格爾的辯證法

一

從西方純哲學的立場上說，黑格爾不是一好的哲學家，而是一好的歷史哲學家。他與柏拉圖、亞里士多德、聖多馬、來布尼茲、康德，乃至今日的羅素，前幾年剛死去的懷悌海，實為不同類型的人。他有點像中國思想史中的王船山。普通讀哲學的人，很少能先了解黑格爾的。在大學哲學系裡，幾乎無人能講授黑氏的哲學，而在學生方面，可以說簡直就沒有一個能有那種程度與氣質來企及黑氏的思想。這不但在中國如此，在西方亦然，尤其近世為然。

黑氏的思想，十分深入而複雜。既是綜合的，而又是籠罩的；既是人文的（歷史文化），而又是貫徹到自然的；既是精神的、價值的，而又是思想的、純理智的。實則，他有一

個綜合的通慧作底子，他以精神的發展作綱領。他的綜合的通慧，實是開始於把握精神的發展過程。他首先寫的是《心底現象學》，他最後寫的是歸宿於《歷史哲學》、《法律哲學》等。你從此，就可知他的綜合的通慧是扣緊歷史文化而發出的，他的立言的出發點是基於人文的、精神的、價值的，總之是基於「精神之發展」的。他以此為背景，蒸發出他的思想的，純理智的大邏輯網。他由精神表現的各種形態，看出精神與自然的關係，看出精神如何駕馭自然，籠罩自然。自然就是感觸世界，經驗世界。落在人類的歷史文化中，自然就代之以具體的歷史事實。歷史是精神表現的發展過程。具體事實都在精神表現的發展中得其解析，得其條貫。如是，我們有了了解歷史事實的一個理路。這個理路，就表示歷史是一個精神的辯證發展之合理的系統。

　　自然若落在知識系統內，就是知識的對象，是我們的自然世界。他看出我們的「知性」具有些什麼基本概念（即範疇）來駕馭自然，籠罩自然，使自然成為可理解的。這本是康德所已開闢出的；但黑格爾講這些範疇，他不採取康德的講法，也不只是康德所列舉的那些範疇數，也不像康德那樣由邏輯上的十二判斷發見那種散列的十二範疇。他既肯定自然必須是一個合理的系統，如是，他就想首先把合理系統之所以成為合理系統的範疇系統給推演出來。他從哪裡起來推演出來呢？他從「絕對」起。這個「絕對」怎樣引出來呢？它影射什麼呢？它是由精神發展中被引出來。在精神發展中，那個「原始的精神實體」，以及經過辯證發展而消融一切矛盾

對立的那個「絕對精神」，就是他的《大邏輯學》中作為起點的「絕對」。

這個絕對，就意指「絕對精神」，也可以就是上帝。但是，上帝或絕對，當套在辯證發展中而觀之的時候，它開始只是一個空洞無物。它的內容與特性，都要靠辯證發展中所引出的那些東西來充實，來釐定。這話，本來若從人的實踐之精神表現的辯證發展中來講，是並無不可的。但是，黑氏的《大邏輯學》卻是憑空架起，他截斷了「人的實踐之精神表現」那個背景，他只憑空取了一個光禿禿的「絕對」作為辯證發展的起點，而這個辯證發展是純思想地純理智地從「絕對自身」開始，弔詭以演成，他由此把一切範疇都給推出。這實在是思想自身的弔詭，是一個不必要的大把戲。

可是回過來，歸到他的人文的、人的實踐之精神表現的辯證發展上，他的精采極容易看出。這一方面就是歷史文化的，相當於中國所謂內聖外王之學，為西方傳統的純粹哲學家所不走的路。這是在他的邏輯學裡所見不出的。所以他不是好的哲學家，而是好的歷史哲學家。你若讀他的《歷史哲學》，你可以了解他的思想之整個理路與學術大略。依是，黑格爾學問的精華，以及辯證法的真正義用與其恰當的表現處，只可限於人文的、人之實踐的精神表現之辯證發展。而如此，亦儘可以把人性主體之能方面的全體大用（由超越的分解所呈列者），給綜合地貫通起來；而如此綜合貫通，亦足以把自然駕馭住，貫徹到，使之收攝於精神之光的照射下，而凡有存在皆不能外於此精神之光的照射，而別有其陰暗漆黑的存

在。依是，精神表現之辯證的發展，可以列為三層：

一、個人的道德實踐之辯證發展。

二、客觀化於歷史過程中的辯證發展。

三、普遍化於宇宙歷程中的辯證發展。

二

　　辯證根本是實踐上的事，並且亦是精神表現上的事。辯證法不能在知性上講，亦不能在知性所對之「對象」上講。這是第一所應認清的。一般人不能嚴格認識「知性」之確義，又不能知超乎「知性」以上之「理性」，而總不自覺的、模糊的，並且以為是當然的，落在「知性」上，而從「知性」上講辯證，把辯證法與邏輯看成是同層上的對立者，如是要講辯證，必反對邏輯，或者兩者攪亂不清而兩敗俱傷。殊不知邏輯如何能反對？邏輯、數學、科學都是屬於「知性」的：反對其一，必反對其二。西方哲學早已釐清。凡講辯證者，無不知此中之分際；惟不通哲學之馬克思，始開始橫生攪亂，而傳到中國，凡講辯證者都隨馬氏而滾下去，根本不知此中之分際，真可謂大混亂。馬克思就是立於知性上講辯證，而又把辯證推到「物」上去，即推到知性所認知之對象上去，而講「唯物辯證法」。殊不知唯物辯證法根本是不通之詞，由於大混亂而成者。辯證根本不能單從「物」一面講，亦不能單從「心」一面講。知性之活動成科學，知性所對之「物」是科學的，物理化學的，只服從物理化學之法則，何得於此

言辯證？此在西方有學問之規模與風範，根本無人能措思及此。若有如此思及，必不值識者一笑！

　　辯證不從「知性」上講，而是從超乎「知性」以上的「理性」上講。理性在知性以上，而能統馭知性，指導知性，並且推動知性。就在此統馭知性上，才見出辯證的發展。所以辯證法是動的邏輯，而形式邏輯是靜的。這是可以說的。但是，一般人不解其義，而妄生意謂。它所以是動的，乃因為它根本是由主動的創造的理性發，而且還要統馭知性，貫徹知性，而見其為一發展，所以它才是動的。邏輯之為靜的，乃因為它是屬於知性，而知性是與其所知之物為主客對立，而自己是處於靜的觀解中以解之，所以一方成科學知識，一方遵守邏輯數學。動靜之義只是如此，豈可亂說？近人口耳不離科學，而又要訴諸形式邏輯。此實令人可厭可恨！

　　是故單自物一面不能講辯證，單自心一面不能講辯論。心，有是認識的心，此即知性也，表現邏輯數學的心也；有是道德的形而上的心。主動的創造的理性，就是從此道德的心言。心的表現，必須在對治什麼，克服什麼，轉化什麼上，而此種表現，亦就是精神，故得泛言曰：精神表現。創造的理性之統馭知性，貫徹知性，亦就是此種精神表現中之一過程。故精神表現根本就是實踐的。只有把自己處於道德的實踐中，然後方能體會到辯證的發展，而深切了解之。我現在要藉我們的道德實踐，來表示精神表現中的辯證法則（理路），把辯證發展中的基本概念（足以使之成其為辯證者），一一給確定出來。

　　在個人的道德實踐中，我們所首先要肯定的，就是每一人皆是一「精神的生命」。雖在孩提，無不知愛其親。這就是一個精神的生命。羅近溪云：

　　　　今試抱赤子而弄之，人從左呼，則目即盼左，人從右呼，則目即盼右。其耳蓋無時而不聽，其目蓋無處而不盼。其聽其盼蓋無時無處而不展轉，則豈非無時無處而無所不知能哉？（《盱壇直詮》下卷）

羅氏於此點出良知良能。其聽其盼就是其良知良能的表現，其整個生命，渾是知能貫通周流的生命，此就是一個精神的生命。又曰：

　　　　但今看來，道之為道，不從天降，亦不從地出，切近易見，則赤子下胎之初，啞啼一聲是也。聽著此一聲啞啼，何等迫切；想著此一聲啞啼，多少意味！其時骨肉之情，依依戀戀，毫髮也似分離不開，頃刻也似安歇不過。真是繼之者善，成之者性，而直見乎天地之心。（同上，上卷）

由赤子啞啼一聲，直見天地之心，亦直見他渾身是個知能呈現。天地之心，渾是知能，此就是「道」。道就在這裡呈現。於此，我們直接肯定他是一個精神的生命。毫無條件，亦毫無可懷疑。古人從此指點「知能」，指點「道」，我們從此說

精神生命。但是「人能弘道，非道弘人」。道，知能，在赤子
啞啼一聲處呈現，在其聽其盼處呈現，這只表示他是一個精
神生命，知能生命，而他此時究竟還不能弘道，必須在其長
成時道德的實踐中弘道。從「道德實踐的弘道」上說，這個
精神生命，知能生命，就是辯證發展中所謂「原始的諧和」
(primary harmony)。這是我們發展中的一個基礎。這是一個
「圓融不分」的絕對。大人者不失赤子之心，雖不即是赤子
之心（此後來叫做「再度諧和」，即經過否定的否定而來的諧
和），然亦足見「赤子之心」是一個諧和。這個諧和是原始諧
和，未經過發展的諧和。因為它只是原始的諧和，所以這個
圓融的絕對就只是一個「普遍性」，只是一個「自身涵攝之存
在」，赤子的「個體性」未表露出來。「個體性」是在實踐的
發展中，從這個原始諧和的破裂而表現。

　　原始諧和的破裂是經過「反省自覺」而成。在自覺中，
精神從渾然一體的精神生命中提煉出而退處於「主體」的地
位，而為純精神，此時我們可以不叫它是精神，叫它是「良
知」。作為「本心」的那個良知，作為身之主宰的那個良知，
亦就是人之所以為人之「性」，作為「內在道德性」(inward
morality) 的那個性（在超越分解中所講的性或良知，就是在
辯證發展中通過自覺而反顯出作為主體的那個性或良知）。精
神既退處於主體的地位，則渾然一體中現實的成分（古人所
謂氣質的成分，才情氣方面所具的氣質的成分，或等而下之，
身體一面），即被推出去而作為「客體」。此則屬於「物」，或
亦曰「自然」（對個人的道德實踐言，名曰私欲，習氣，或氣

質之私。對思想主體言，名曰自然，或知識對象）。由自覺而
顯出主客之對立，就是原始諧和之破裂。這破裂就表示一種
否定，對於原始諧和的否定。而主客之對立亦可互相表示一
種否定。當我們反省自覺而反顯「道德的主體」時，即含有
對於「客體」（外在實在）的否定。這就是古人所謂截斷眾
流，壁立千仞，內重外輕，打斷一切習氣的鍊子；可是，同
時，客體亦就是主體的障礙，它是我們的麻煩，亦是病痛的
所在處，如果你提不住，它就吞沒了你，這也是表示一種否
定的作用。這是互相爭勝，是辯證中的矛盾，不是邏輯中的
矛盾。但是，這個矛盾，終須要解消，要消融（邏輯中的矛
盾必有一真一假，不能說消融。若是自相矛盾的命題，則絕
對假）。要消融這個矛盾，須記住正反兩概念。「正」(thesis)
必須指謂「主體」（精神），「反」(antithesis) 必須指謂「客
體」（物、自然），決不能隨便指謂。此就是單是物或心一面
不能講辯證之故。

消融正反對立的矛盾，就叫做「否定的否定」，這表示一
種「合」(synthesis)。這「合」就是「再度諧和」的圓融絕
對。這個「合」就表示對於破裂而成的正反對立再加以否定。
而此否定之形成是由於把「反」的對立性，障礙性，加以消
除或克服。你所以能消除或克服它，就因為你保持住那個
「正」。此古人之所以念茲在茲，要截斷眾流，建體立極之故
（周子說：主靜而立人極）。截斷眾流而反顯那個「道德主
體」，為的是立大本；立大本為的是成大用。成大用就是要使
氣從理，情從性，一切是天理流行，整個是一「知能」呈現。

換言之，作為「正」的那「道德主體」之光，整個要披露出來，以化情化氣，總之是化物，而把它的障礙性，對立性消除掉，使情氣通體為精神的情氣，使物通體為精神所潤澤所貫注的物。這就是王陽明所說的「致知格物」。「致吾心良知之天理於事事物物，而事事物物皆得其理。」皆得其理，則事物皆在良知天理的貫徹中，因而得成，因而得正。這就是「良知天理」的繁興大用（成物），而其所成之物亦就是實現良知天理之資具。此就是儒家的本末圓融之「盈教」，而為辯證發展所證實。這在禪家，名之曰隨波逐浪，經過截斷眾流、蓋天蓋地後而來的「隨波逐浪」，這表示一種大而化之，圓通無礙的境地（佛家宗旨雖別，而工夫的辯證發展則同）。黑格爾名之曰「絕對」，表示「合」的圓融絕對（程明道說動亦定，靜亦定，亦就是本貫末、物從心的絕對定境）。這絕對不是「原始諧和」的那個絕對，而是再度諧和的絕對，經過「否定之否定」而成的絕對（此就是大人者不失赤子之心，而不就是赤子之心）。原始諧和的絕對，經過自覺而成為對立，這雖是破裂，亦實是予那絕對以提煉。把那渾然一體的絕對中的夾雜，通過自覺而予以淘汰，把主體性提煉出來，把客體性提煉出來。經過這一提煉，然後再予以消融，則主體性亦不是對立中的主體性，客體性亦不是對立中的客體性，而絕對亦不是原始諧和的那個絕對。經過否定以及否定的否定，皆有淘汰，皆有保留，這就叫做「奧伏赫變」（Aufheben）。

　　以上就是辯證發展的綱領，使辯證之所以成為辯證的基本概念之確定意義，皆予以確定的說出，決不可隨便移動，

胡亂比附。試問這種辯證法有何顛倒？惟馬克思才是大顛倒大混亂。

三

以上所說，是就個人的道德實踐說。黑格爾從精神發展上講辯證，與儒家的道德實踐最恰當。但西哲傳統，對於個人的道德實踐以及心性之學，都不及中國儒學之深而密。黑格爾雖能講精神的辯證發展，雖亦含有儒家道德實踐中良知天理心性主體之涵義，但究不特別專注，亦不特別彰著，而常貫通著「知性」及「客觀精神」講。這也正恰好。我們現在本儒家道德實踐（建立聖賢學問樹立聖賢人格），貫通於黑氏的辯證發展中，把這個「本原形態」特別彰著出來，然後再看它如何貫通於「知性」及「客觀精神」。關此，本文不能多說，我只簡單予以點出。

復次，道德的實踐，經過思想主體之轉出而通於自然以致其廣大，復須轉出客觀精神來，以通於歷史文化以致其人文方面的廣大。道德人格，聖賢人格，是獨體的：有主體精神與絕對精神（天地精神），而不顯客觀精神。此須良知天理從獨體的道德人格中之道德主體再委曲自己降下，來轉而為「政治的主體」，要自覺地成為一個「政治的主體」(political subject)。這一步自覺也是對於良知本覺的神智妙用之否定，因這個否定而成為政治的主體與政治的對方之客體。在這種主客體的對立中，國家政治法律才能積極地建立起來，因而

能實現客觀的價值，這就是義道之客觀的實現。這是一種客觀精神。經過這一步曲折，道德實踐不只限於個人，而且更致其廣大於客觀的組織：良知天理不只實現於獨體人格，而且實現於整個人文世界。國家、政治、法律是良知天理的客觀實現，經過政治主客體的對立，而要求綜合起來的客觀實現。在以前之只注意道德人格中，國家、政治、法律是出不來的。在各個體沒有經過反省自覺而成為「政治的主體」時，則國家是不會重新組織起來，而成為一個有機的正式國家（黑格爾即說中國以往的「統一」是一個僵化而硬固的統一，沒有經過各個體的自覺而重新組織起來的統一，所以不是一個真正的國家）。政治亦不會是有憲法常軌制度基礎的民主政治（中國以往只有吏治，而無政治。此是普通所已認知的。我亦曾說：中國以往只有治權民主，而無政權民主。此兩義相連而生）。而法律亦不會是雙方約定，互相遵守，而有客觀實效性，代表理性客觀化的法律（此所以黑格爾說：中國以往的法律只是些某種抽象的東西，固定的東西，沒有經過「各個體之成為政治的主體」之允可，所以法律是停在主觀的狀態中，而不能表示理性的客觀化）。這其中之重要關鍵是在：以往的精神表現是停在獨體的道德人格中，沒有轉出政治的主體自由，而成為政治的主體。（詳論見拙作〈平等與主體自由之三態〉一文，民主評論社，人文叢書本。案：該文已收於《歷史哲學》中。）良知天理之表現，若只在聖賢人格，道德人格，而轉不出思想主體，則必流於孤峭而孤窮，而不能產生文化上的富有大業，而孤窮至極，亦必流於其自身之

否定。所以人的良知天理，精神本體，必須在不斷的轉進中，保持其創造性與活潑性。而我們貫通歷史發展之大流看，則以往宋明理學之表現聖賢人格，道德人格，亦只是一形態。歷史發展中某一階段停在那裡，而良知天理之創造性不會停在那裡。它雖是要冷靜下來而轉為思想主體，委曲自己而成為政治主體，但是它要自覺地如此。這種冷靜與委曲，亦是良知之用，亦是良知天理合該如此。這在精神表現之辯證發展中，必然要貫通地有機地發展出來。

在精神表現中轉出思想主體與政治主體這兩個形態，其中之頭緒繁多，吾以上只略言，未能細講。但若能握住辯證發展之理路，必能一一貫通起來而無遺漏。由此，你將進入歷史，而建立你的「歷史之精神發展觀」；你更可以普遍化於宇宙歷程，視整個宇宙為一精神表現之發展過程。關於此兩層，本文可不深論。但是，有一點須注意，即「辯證的綜合系統」（在有機發展中建立者），必以「超越的分解系統」為根據。這兩者都須要有極大的智力與極高的智慧，方能言之無礙。在西方哲學中，康德作「超越的分解」於前，黑格爾作「辯證的綜合」於後。雖不能無小疵，而大體規模已具。吾本文所言，以辯證的綜合為主，而實有一超越的分解作背景。指出黑氏之缺點，而保留其精華；提之以儒家學術為綱領，而吸取黑氏之骨絡以充實此綱領。中西學統之會通，足以救護人類於不墜。面對此魔難之時代，尤彰顯此學之大用。以此學為綱領，方能領導時代，覺醒人類，而對治共黨之大魔。

四十年六月九日《思想與革命》

水滸世界

　　吾嘗云：《紅樓夢》是小乘，《金瓶梅》是大乘，《水滸傳》是禪宗。請言《水滸傳》。

　　《水滸》境界頗不好說。從其中的故事及人物而言之，較有憑藉。然亦正因此，較易限定。一有限定，則《水滸》境界便不是《水滸》境界。酸腐氣，學究氣，市儈流氓氣，皆不足以言《水滸》。吾常以為只從文字觀之，亦可以悟。讀小說者，總是先急於了解其中之故事，道說其中之人物，然後再進而解析其所表示之思想或意識。吾言《水滸》世界，豈不類於解析其思想或意識？是不然。如是，正是落於學究氣。吾不知其是何思想，吾亦不知其是何意識。久而久之，吾亦不覺其中之故事，吾亦不想其中之人物。吾只隨手翻來，翻至何處即看何處。吾單看文字，即觸處機來。吾常如此而悟《水滸》之境界。《水滸》文字很特別：一充沛，二從容。隨充沛而來者如火如荼，隨從容而來者遊戲三昧。不從容，

不能沖淡其緊張。遊戲所以顯輕鬆，三昧所以顯靜定。其文字之聲音色澤，一有風致，二極透脫。驚天動地即是寂天寞地。而驚天動地是如是如是地驚天動地，寂天寞地是如是如是地寂天寞地。如是如是，便是《水滸》境界。吳用說三阮撞籌，是那樣地清機徐引，三阮之興發上鉤，是那樣地水到渠成。吾不覺有來有往，吾只覺步步是當下。潘金蓮毒死武大郎，其驚險可怕，陰森狠毒，令人透不過氣來。然而其文字一經從容迴環，便令人透過氣來，便覺無處不停停當當，洒然自足。其令人洒然自足處，不在報應，而在描述潘氏之乾號。「話說婦人之哭有三種。有淚有聲謂之哭，有淚無聲謂之泣，無淚有聲謂之號。當下潘金蓮乾號了幾聲」云云，此就是《水滸》之從容也。其如是如是之境界，大抵由此等處烘托出。

若問其如是如是是什麼東西之如是如是，則曰若可以說是什麼東西之如是如是，便不是如是如是。此所以說單由文字亦可以悟之故也。

如是如是之境界是「當下即是」之境界。而當下即是之境界是無曲之境界。明乎此而後可以了解《水滸傳》中之人物。此中之人物以武松李逵魯智深為無曲者之典型，而以宋江吳用為有曲者之典型。就《水滸傳》言之，自以無曲者為標準。無曲之人物是步步全體呈現者，皆是當下即是者。吾人觀賞此種人物亦必須如如地 (as such) 觀之。如如地觀之所顯者即是如是如是。

他們這些年強力壯之人物，在消極方面說，決不能忍受

一點委曲。橫逆之來，必須打出去。武松說：「文來文對，武來武對。」決不肯低頭。有了罪過，即時承認，決不抵賴。好漢作事好漢當。他們皆是「漢子」。漢子二字頗美。有氣有勢，又嫵媚。比起英雄，又是一格。禪家常說：出家人須是硬漢子方得。他們只說個漢子，便顯洒脫嫵媚。《水滸》人物亦是如此。承認犯罪，即須受刑。受刑時，決不喊叫。「叫一聲，不是打虎的好漢。」在消極方面，他們是如是抵抗承當。在積極方面，他們都講義氣，仗義疏財。消極方面是個義字，積極方面亦是個義字。義之所在，生死以之，性命赴之。天下有許多顛連無告者、弱者、殘廢者、哀號宛轉無可告訴者，此種人若無人替他作主，直是湮沒無聞，含恨以去。大聖大賢於此起悲憫心，伊尹之任亦於此處著眼，《水滸》人物則在此處必須打上去。所以他們常鬧事，人海生波，與聖賢之悲，伊尹之任又不同。但無論如何，此皆是替顛連無告者作主之一方式。而《水滸》之方式乃是漢子之方式。武松替兄報仇，實是替殘弱之武大作主。其兄弟之情甚篤。武大在潘金蓮眼中看來，三分像人，七分像鬼，一打團團轉，三打不回頭的人物，而在武松看來，卻口口聲聲是兄長，決無輕視他的意思，只是繫念他是個弱者，常被人欺負，臨別時，囑他晚出早歸，武大哭了，遂說：即不出門亦可，只在家坐地。武大說他兄弟的話是金子言語，我只信他。像這樣一個誠實人，可憐蟲，若無人作主，便是昏了天地。我每於此起無涯之悲痛，深深之悵惘。天地生人，真有許多不仁處，好像全無心地於不覺中夾帶來許多渣滓，漂流道旁，像個螻蟻，像棵乾

草。此種人物不必說被欺負，即其本身根本上便是可憐蟲。徹頭徹尾即須有人替他作主，以參贊化育之不及，以彌補天地之缺陷。不必到他被踐踏了，被殘害了，才為之作主，才顯出他的可憐。我有許多最親切的事例作印證，我無可奈何，天地亦無可奈何，我只有悲痛。我的憐憫之感，常是無端而來的。佛說眾生可悲以此。

　　他們這些不受委曲，馬上衝出去的人物，你可以說他們是小不忍則亂大謀。但是，在他們，罪過無大小，義理無大小，你對不起他，你欺負了他，你就是錯了。一錯永錯，便無甚可說的。你若說：忍耐點吧，則在他們這種無曲的漢子，不能有忍耐。隱忍曲折以期達到某種目的，不是他們的心思。他們沒有瞻前顧後，沒有手段目的，而一切皆是當下即目的。然而人文社會就是有曲屈的。像他們這種無曲的人物，自然不能生在社會圈內。「水滸」者即社會圈外，山巔水涯之意也。普通說逼上梁山，好像是某種人一定把他們逼出去。實則還是從「對他」的關係上而看的。因此便有反抗暴虐，壓迫被壓迫階級之說。須知此就是酸腐氣，學究氣，武松李逵不見得領你的情。你這種替他仗義，是可以令他們恥笑的。他們根本不承認自己是被壓迫者，他們並沒有那種齷齪的自卑感。他們明朗而俊偉，所以是個漢子。現在的人必得以自己的卑鄙不堪之心把武松殺嫂的故事寫成潘金蓮戀愛的故事，直是汙辱聖人。他這種「當下即是」的漢子，本性上就不是社會圈內的人物。社會圈內總是有缺陷。政治經濟教育俱平等了，而人與人間未見得即無爭吵打架之事。所以這是

人性問題，並不是社會政治或經濟問題。這些人並不能從事政治，亦不事生產，亦不能處家庭生活，赤條條來去無牽掛，東西南北走天涯。而又理無大小，罪無大小，一有不義，即時打去，而且一打常泛濫而不可收拾。試想此等人如何能處社會？在社會的立場上說，必是鬧亂子，而在他們的立場上說，卻是硬漢子。吾嘗思其故，此中確有一面真理。此面真理即構成所謂《水滸》世界。蓋純直無曲，當下即是，只有上帝是如此，而上帝是真理的標準，本是在人以外的。現在《水滸》人物，是人而要類似上帝，自然非在社會圈外不可。自社會人文上說，要作到當下即是，是不容易的。《水滸》人物的當下即是，不是人文社會上的，乃是雙拳兩腳的野人的，不曾套在人文化成的系統中之漢子的。孔聖人不能用拳打足踢來維持仁義。他有《春秋》之筆，有忠恕之道：從委曲中求一個「至是」。如是乃有文化。孔聖人是人與神的合一者。既是合一，則純直無曲，當下即是，必在極高度的道德含忍中呈現。王學所謂「全體是知能呈現」，程朱所謂「天理流行」，豈不是純直無曲，當下即是？朱子臨終時說：「天地生萬化，聖人應萬事，直而已矣。」這個直卻不容易。這個直是隨孔聖人之聖人之路下來的。如是，吾人有一個上帝，有一個孔聖人，二者之外，還有一個《水滸》世界。這《水滸》人物，既不能是上帝，因為他是人；又不能是孔聖，因為他不能處社會。所以只好在山巔水涯了。金聖歎即於此而言作《水滸》者有無量之隱痛。若處於上帝與孔聖一面而觀之，他們自是可痛的。實則亦不必。他們自身並不是可痛可悲的。

我看作《水滸》者並不是根據什麼大悲心而寫《水滸》。如此解之，亦未免頭巾氣。讀施耐庵自序，即可知其心境（人或以為此篇自序即是金聖歎作的。但無論誰作，我以為此篇文字可以表示《水滸》境界）。

　　他們這種即時打去之行徑，都是頂天立地之人物。首出庶物，無有足以掩蓋之者。所以是自足而窮盡的。因為自足而窮盡，所以只有一個當下。此種自足而窮盡所呈現的當下，是極洒脫嫵媚的。他們也有悲歡離合，喜怒哀樂。但是說他們為的什麼一定的東西，或表示什麼一定特殊化了的背景，我以為皆不免學究氣。魯智深大鬧五臺山，人或在此窺出他背後的寂寞，我以為他的寂寞只是無酒無肉，受了一套佛教文化的拘束。恐怕未必是普通人所意想的寂寞。我們常說耐住寂寞。耐住寂寞，就是固定個寂寞與不寂寞相對待。一定要從《水滸》行徑窺測它背後的什麼背景，不如直翻上來直從他們的無曲行徑體會《水滸》境界。說《水滸》是寂寞的表示，不如直說原始生命必須蠢動。他有那股充沛的氣力，你如何叫他不蠢動？而蠢動不是境界，亦不是什麼思想或意識。其蠢動之方式，成為純直無曲，當下即是，方是表得一個「如是如是」之境界。李逵見各人下山搬爹取娘，便大哭起來。宋江問他煩惱甚的，他說他也要搬老娘上山快活。宋江讓他去搬。結果搬不來，在深山中被老虎吃了。我曾向一個朋友說：我有一個禪機，請你細參。李逵決搬不上他的娘來，寫《水滸》的人壓根就不想叫他搬上來：理上不能如此。請問什麼緣故。友人瞪目不解。人多於此不留心。實則是一

個大機竅。李逵不去搬，不是李逵，去搬而搬得上來，也不是李逵。照來布尼茲的哲學說，一個本體概念一經形成，則所有可能的謂詞皆已含在裡面了。去搬而搬不上來，是李逵一個體中必然的謂詞。回來把他的經過告訴宋江等人，皆大笑。若說不替他惋惜，而卻發笑，實在太不仁了。我於此也頗不解。實則並非不仁，而李逵自身即是可笑的。他的可笑掩蓋了對於他娘的仁。若於此而不笑，便是虛偽。虛偽而可為仁乎？此就是超越了一切既成的固定的系統，而成就了一個當下即是的嫵媚境界。此只能如如地觀之。惟如，而後覺其一切皆必然。林沖差人去東京取眷，回來知道已死了，無不為之悼惜悲嘆，以助其哀。然而此決用不到李逵身上。人文系統之仁，在此不能呆板其用了。此處確有一點禪趣。許多道理俱當作如是觀。人們必得以林黛玉之不得與寶玉成婚為大恨，因而必深惡痛絕於寶釵。我以為此皆不免流俗之酸腐氣。試想若真叫黛玉結婚生子，則黛玉還成其為黛玉乎？此乃天定的悲劇，開始時已經鑄定了。人們必得於此恨天罵地，實在是一種自私的喜劇心理。人們必得超越這一關，方能了悟人生之嚴肅。同理，讀《水滸》者，必隨金聖歎之批而厭惡宋江，亦大可不必。須知梁山亦是一個組織。《水滸》人物雖不能過我們的社會生活，但一到梁山，卻亦成了一個梁山社會。自此而言，宋江是不可少的。不可純以虛假目之也。必須饒恕一切，乃能承認一切。必須超越一切，乃能洒脫一切。洒脫一切，而遊戲三昧，是《水滸》嫵媚境界。

沒有生命洋溢，氣力充沛的人，不能到此境界；沒有正

義感的人,也不能到此境界。武松說:「武二這雙拳頭,單打天下不明道理的人。」又說:「我武二是嚙齒戴髮的男子漢,不是那禽獸不如的豬狗。嫂嫂以後休要恁的。」只是他們好為一往之行,乃是不學的野人,沒有迴環。所以不合聖人之道。然而他們卻是另一世界。他們的生命並非全無安頓。義是他們生命的著落點,只是沒有經過理性的自覺而建立,所以不是隨孔子之路而來。此只可說是原始的、氣質的,所以只是一個健實的、嫵媚的漢子。他們作過即完,一切是當下,是新奇。他們的生命隨時可以結束:完了就完了,並沒什麼可躲閃迴避的。飄忽而來,飄忽而去。但是來也須來得嫵媚,去也須去得嫵媚:所以是個漢子。杜甫詩云:語不驚人死不休。此不是《水滸》境界。而《水滸》結尾詩云:語不驚人也便休。此方是《水滸》境界。

這個境界,出世不能為神,入世不能為聖人。殊不可由系統以解之。必須是在洒脫一切時的觸處機來。《水滸傳》自序云:「薄暮籬落之下,五更臥被之中,垂首撚帶之際,皆有所遇矣。」又云:「所談未嘗不求人解,而人亦卒莫之解。蓋事在性情之際,世人多忙,未之暇問也。」吾之感覺《水滸》境界,在由壩子上,在樹底下,在荒村野店中,在世人睚眦下,在無可奈何之時,在熱鬧場中,在汙濁不堪之社會中,花天酒地,金迷紙醉,冷冬小巷,皆有所遇。我之感覺,頗不易寫得出。比起寫哲學系統還難。以往生活,已成雲煙。然而我未曾倒下去。我只因讀了點聖賢之書,漸漸走上孔聖之路。假若有歸宗《水滸》境界者,必以我為無出息矣。

禪與老莊

吳　怡／著

「本來無一物，何處惹塵埃？」由慧能開創出來的中國禪宗，實已脫離印度禪的系統，成為中國人特有的佛學。本書以客觀的方法，指出中國禪和印度禪的不同，並且正本清源，闡明禪與老莊的關係，強調禪是中國思想的結晶，還給禪學一個本來面目。

國家圖書館出版品預行編目資料

生命的學問／牟宗三著.－－五版二刷.－－臺北市：
三民，2020
　　面；　　公分.－－（品味經典/善）

　　ISBN 978-957-14-6409-1（平裝）
　　1. 言論集

078　　　　　　　　　　　　　　107006215

生命的學問

| 作　　者 | 牟宗三 |
| 封面繪圖 | 蔡采穎 |

發 行 人	劉振強
出 版 者	三民書局股份有限公司
地　　址	臺北市復興北路 386 號 (復北門市)
	臺北市重慶南路一段 61 號 (重南門市)
電　　話	(02)25006600
網　　址	三民網路書店 https://www.sanmin.com.tw

出版日期	初版一刷 1970 年 9 月
	五版一刷 2018 年 6 月
	五版二刷 2020 年 5 月
書籍編號	S190080
I S B N	978-957-14-6409-1

三民書局